Ins Leben gegriffen ...

Alltägliches und Besonderes
von Renate A. Preuß

AF211999

Es gibt so vieles, was uns schier
Nur allzu sehr oft will blockieren.
Jedoch der Griff ins Leben hier
Kann wundervoll uns animieren!

Ins Leben gegriffen...

Alltägliches und Besonderes
von
Renate A. Preuß

Bibliografische Information der Deutschen Nationalbibliothek:
Die Deutsche Nationalbibliothek verzeichnet diese Publikation in der
Deutschen Nationalbibliografie; detaillierte bibliografische Daten sind im
Internet über
< http://dnb.d-nb.de > abrufbar.

Herstellung und Verlag: Books on Demand GmbH, Norderstedt
ISBN: 978-3-8334-8303-5

Renate A. Preuß wurde 1936 in Berlin geboren. Sie ist verheiratet, Mutter von zwei Kindern und hat inzwischen 4 Enkel.

Schon von Kindheit an begeisterte sie sich für die Welt der Poesie. Erst im Erwachsenenalter entdeckte und entfaltete sie ihr Talent, selbst Verse zu schreiben. Unzählig sind ihre Reime, die sie für den Familien- und Freundeskreis anfertigte, die meist personenbezogen verfaßt wurden.

Hier nun liegt eine Auswahl ihrer allgemein gehaltenen Gedanken und Gedichte vor. Einfühlsam gestaltet sie ihre Texte in mal heiterer, mal ernster Art. Immer wieder findet sie Themen, die sie zu neuen Reimen anregen.

I n h a l t

Ferien

Wunschtraum

Der Urlaub verrinnt.
Erholung beginnt,
wenn verschämt man
sich sehnt nachhause;
wenn unwirklich wird,
was täglich uns kirrt,
fast wartend
aufs Ende der Pause.

Es ist soweit jetzt:
Kein Mensch nun mehr hetzt.
Ein jeder bleibt ruhig, gelassen.
Genußvoll man lebt;
in Sphären man schwebt,
die im Alltags-Trott
kaum zu erfassen.

Wenn doch wissentlich
man könnt' retten sich
ein Fünkchen
von dieser Gesinnung.
Unendlich das Glück,
vom Himmel ein Stück
wär' Verwirklichung
dieser Erinn'rung!

Bretagne, du fernes, rauhes Land,
bist doch den meisten unbekannt.

Wir, die wir aus Norden,
zieh'n südwärts in Horden
auf Rädern und Rollen,
weil Sonne wir wollen.
    Doch bald schon wir stöhnen;
    der Kopf will uns dröhnen,
    wenn endlich, o Wonne,
    scheint täglich die Sonne.
Es gibt nur noch Hitze.
Wir ächzen und schwitzen
und finden voll Kummer
auch nachts keinen Schlummer.
    Da wurde beschlossen
    und fröhlich begossen,
    daß westlich man fahre
    im folgenden Jahre.

Bretagne, du fernes, rauhes Land,
wie sind auf dich wir so gespannt!

Man braucht nicht in Massen
zu fahr'n auf den Straßen,
wo Unfälle lauern -
wir denken's mit Schauern.
    Nein, anders wir ziehen.
    Den Rummel wir fliehen.
    Wir wollen die Stille!
    Dies ist unser Wille!
Wir könn'n 's kaum erwarten.
Dann endlich wir starten,
erreichen den Westen:
"Hier ist es am besten!"

Bretagne, du fernes, rauhes Land,
für gutes Wetter ein Garant?

Seitdem wir betreten
dies Land so erbeten,
erblicken am Himmel
wir Wolkengewimmel
mit tropfendem Regen -
dem Landwirt ein Segen...
 Wir sitzen im Zimmer
 und hoffen noch immer
 auf trockene Tage -
 die Nässe ist Plage.
Wir können nicht wählen:
Die Wölkchen wir zählen,
getrieben geschwinde
von kühlendem Winde.
 Wer denkt da ans Baden
 bei niedrigen Graden,
 wo man sich muß sputen
 beim Bad nach Minuten.
Denn bleibst du zu lange,
wird's mir um dich bange:
"Nicht Kaffee noch Weinchen
erwärmen dich, Kleinchen!"

 Bretagne, du fernes, rauhes Land,
 hast Sonn' und Wärme du verbannt?

Man wird so bescheiden
und läßt sich beneiden,
wenn rings in der Weite
es heut' noch nicht schneite.
    Ich nahm – wie ich tobe -
    die falsche Garderobe!
    Nicht gilt, was am chic'sten,
    nur das, was am dicksten!
    Kein Sonnentop schön,
    um bummeln zu geh'n.
        Bretagne, du fernes rauhes Land,
        bist du ein Wetter-Querulant?

Man bleibt halt im Häus'chen,
macht gern sich ein Schmäus'chen.
Der Bauch kommt zur Runde,
es klettern die Pfunde.

    Und dauernd wir sinnen
    auf Wärme von innen.
    Nur d i e trotzt auf Dauer
    dem Oft-Kälteschauer! -

Ganz heimlich wir träumen
von sonnigen Räumen,
von lauwarmen Nächten,
von Ferien, den echten...
        Bretagne, du fernes, rauhes Land,
        kalt ist's bei dir – du bist erkannt!

Soo hat man sich's nicht vorgestellt,
wie's ist, wenn dir Schön-Wetter fehlt!

Viele von euch wissen nicht,
was denn so für's Campen spricht.
Darum will ich heut' erzählen,
warum diese Form wir wählen,
wenn wir auf die Reise geh'n:
Was ist Camping doch so schön!

Ei, ihr glaubt nicht, was ich sage,
meint, das Campen sei 'ne Plage
ohne den Erholungswert,
den ein jeder so begehrt?
Wenn ihr mein Gedicht gehört,
wenn ich alles euch erklärt,
ruft bestimmt ihr unbeseh'n:
"Was ist Camping doch so schön!"

C a m p i n g

Einst wollten wir zur Sommerzeit
in Urlaub fahren möglichst weit.
Wir suchten schriftlich ein Quartier;
doch konnte man verzweifeln schier:
wohin wir schrieben, einerlei,
es war fast nirgends mehr was frei.

Und hat man Kinder,
                groß und klein,
durft's auch nicht allzu teuer sein.
So hat das ew'ge Suchen, Bangen
uns bald zum Halse 'rausgehangen.
Wir kauften uns ein großes Zelt.
Jetzt könn'n wir reisen in die Welt,
können ferne Länder seh'n:
 Was ist Camping doch so schön!

Natürlich mußte nun noch her
verschiednes Campingzubehör:
Tisch, Stühle und ein kleiner Herd,
ein Wassersack ist auch von Wert;
die Töpfe, Schüsseln und Gedecke,
dazu für jeden die Bestecke;
auch braucht man eine Liegestatt,
damit man was zum Schlafen hat;
und dann das Gas
                vor allen Dingen,
das Licht und Wärme
                soll uns bringen.
Dies alles wurd' nun gut verstaut -
bis seinen Augen man nicht traut.
Man kommt vor Angst
noch gar ins Schwitzen:
Wo soll da die Familie sitzen?
So wird noch mehrmals
                umgepackt,
gezirkelt und neu eingesackt,
bis alle ihre Plätze finden
und wir gen Süden
                froh entschwinden.
Laut ruft man "Auf Wiederseh'n!".
Was ist Camping doch so schön!

Ist die letzte Kurv' genommen
und man endlich angekommen,
sucht man schnell auf alle Fälle,
wo man kann das Zelt hinstellen.
Der Vater weiß, ist es auch voll,
sehr gut, wie er es machen soll.
Er schiebt genau mit List und Tücke
sein Zelt noch in die letzte Lücke,
verspannt die Leinen prächtig drauf.
　　Nun gibt es einen Hürdenlauf.
Jetzt heißt es gut die Beine heben,
will man nicht bald am Boden kleben.
Und sieht beim Fallen mancher Sterne,
bis Urlaubsende wird er's lernen.
　　Habt ihr's endlich eingeseh'n?
　　Was ist Camping doch so schön!

Nach einem langen Tag, welch' Glück,
zieht man sich müd' ins Zelt zurück,
legt froh sein Ohr auf die Matratze.
Ganz plötzlich hört man ein Gekratze.
Ist etwa jemand an dem Zelt,
der bös' gesinnt uns überfällt?
Nein, nein, es sind nur kleine Mäuse,
die munter kriechen durchs Gehäuse. -
　　Kaum ist man wieder eingenickt,
erneut man aus dem Traume schrickt:
Der Zeltnachbar – sonst lieb und nett -
sägt ganze Bäume ab im Bett.
Und will man wieder schlafen ein,
hilft jetzt was Neues – o wie fein –.
Statt immer Schäfchen nur zu zählen,
kann man die Schnarcher dazu wählen.
　　Morgens hör' ich noch die Tön'.
　　Was ist Camping doch so schön!

Eines Tages – Fluch der Götter -
gibt es wirklich schlechtes Wetter.
Stunden tönt das Sturmgebrause
immer lauter ohne Pause.
Und wir hängen voller Bangen
mühsam an des Zeltes Stangen.
    Endlich läßt der Wind mal nach.
Doch nun kommt der Regen, ach!
Bald, da tröpfelt es ganz munter
von dem Zeltdach zu uns runter.
Und am Boden kann man seh'n
wunderschöne, kleine Seen.
Rinnen zieh'n wir mit dem Spaten,
um im Wasser nicht zu waten.
    Jetzt soll trocknen uns der Fön.
    Was ist Camping doch so schön!

Schnell sind getrocknet alle Pfützen;
nun Ameisen aus Ritzen flitzen,
sie unbeirrt den Weg sich bahnen,
wo Zucker und auch Mehl sie ahnen.
    Und allen Ameisen zum Ruhme
beginnen gleich sie mit Kommune;
sie bauen fleißig ihre Straßen,
und zieh'n ab jetzt durchs Zelt in Massen:
ach, Teller Tassen, Schuhe lohnen,
auch keine Kleidung sie verschonen.
Gesund und gut ist's, wie du weißt,
wenn oft die Ameise uns beißt.
    Deshalb muß ich es gesteh'n:
    Was ist Camping doch so schön!

Wenn das Abendstündchen winkt,
man gar müde niedersinkt,
denkt an ungestörten Schlummer,
hat man einen neuen Kummer:
    Horch, ein Sirren in der Luft.
Da, die erste Mücke ruft.
Und es kamen alle, alle.
Wir, wir saßen in der Falle.
Stich für Stich wir heimsten ein.
Morgens dann im Sonnenschein
wurde d e r gar sehr bewundert,
der so hatte cirka hundert.
Jucken soll uns nicht betrüben:
Hier kann man Beherrschung üben!
    So ist klar daraus zu seh'n:
    Was ist Camping doch so schön!

    Herrlich ist es, wie ihr wißt,
daß man viel im Freien ist.
Schnell verflüchtigt jeder Duft,
immer gibt es frische Luft.
Und so ist es nicht vermessen,
reichlich Knoblauch mal zu essen.
H i e r ist's wirklich kein Problem
und für alle sehr bequem.
Auch muß man nicht sehr weit flüchten
nach Genuß von Hülsenfrüchten.
    Rückt man sich nicht auf die Pelle,
ahnt niemand die Druck-Duft-Welle,
die da ab und zu entweicht -
und dann wird's einem so leicht...
    Laßt nur alle Düfte weh'n!
    Was ist Camping doch so schön!

Hat beim Camping man oft Glück,
gibt es auch manch' Mißgeschick.
Rauben die uns auch die Ruh',
so gehör'n sie doch dazu:
Wer kann es so recht ermessen,
wie das ist, hat man vergessen
etwas Wicht'ges mitzunehmen?
Da kommt man schon mal ins Stöhnen.

Oder wem würd' es gefallen,
wenn trotz Obacht von uns allen
eine Wurst auf unserm Grill
einfach runterfallen will?

Oder wenn beim Kochen, Braten,
Flecke auf das Zelt geraten?
Oder wenn, will man sich setzen,
plötzlich hängt der Stoff in Fetzen
an 'nem Stuhl. Der wurde, ach,
durch die Salzluft altersschwach.

Oder wenn man sich möcht' duschen
oder muß aufs Örtchen huschen
und stellt dann mit Schrecken fest:
Da ist nur ein Wasserrest,
und der Tank ist leer für heute.
's gibt halt zuviel Urlaubsleute,
die daran partizipieren.
Ja, das alles kann passieren.

Oder kommt man nicht ins Rasen,
hat man bestens aufgeblasen
die Matratze – 's war nicht leicht -,
wenn dann plötzlich Luft entweicht,
und man liegt voller Beschwerd'
ohne Polster auf der Erd'.
Da heißt's dann den Fall ergründen
und das schwarze Loch zu finden,
um es dann mit kleinen Stücken
Gummi wieder zuzuflicken.
Und man ruft, ist das gescheh'n:
"Was ist Camping doch so schön!"

Brauchen wir 'nen guten Schmaus,
suchen wir das Beste aus;
kaufen alles selber ein,
Hummer, Muscheln und auch Wein.
Alles wird von uns verzehrt,
was in einem Land begehrt.
So lernt man die Gegend kennen.
Niemals braucht man loszurennen
als Pensionsgast, der bestellt,
wenn die Mittagsglocke schellt.

Nein, wir sind total befreit
endlich mal von Ort und Zeit;
bringen zu die schönsten Stunden,
ähnlich wie die Vagabunden,
wenn wir unsre Lieder singen
und dazu Gitarren klingen
an 'nem hellen Lagerfeuer.
Denn Natur und Abenteuer
sind beim Campen sehr verbunden.
Das hab'n wir herausgefunden.

Ja, wir alle es gesteh'n:
"Was ist Camping doch so schön!"

Es ist heut' wieder Wandertag.
Da komme, was da kommen mag,
wir bleiben nicht zuhause hocken,
w i r machen uns schnell auf die Socken.
          Am frühen Morgen geht's zum Start.
          Mit einer Kart' vom Wanderwart,
            mit Traubenzucker, gutem Mut,
              Stock, Regenschirm und Wanderhut;
        So machen wir uns auf den Weg.
Bezeichnet ist ja jeder Steg,
damit man sich nicht muß verlaufen
und auch am Ende noch kann schnaufen.
          Es geht bergauf, es geht bergab.
          Da zeichnet sich ein Lichtblick ab:
          „Kontrollpunkt" groß ein Schild verkündet.
          Man eine Paus' damit verbindet.
Schnell kaufen wir ein Brot mit Wurst,
ein Bierchen gegen großen Durst.
Das wird die Lebensgeister wecken,
man läßt es sich gemütlich schmecken.
          Gestärkt können wir weitergeh'n
          und uns die Gegend auch beseh'n,
          bis endlich dann wir sind am Ziele.
          Hei, was gibt's hier für ein Gewühle.
Zunächst 'nen Stempel man bekommt
und die Medaille schnell und prompt.
Dann kann man sich auf Bänke setzen
und mit dem Nachbarn etwas schwätzen.
          Und machmal – welch besond'res Glück -
          hört man 'ne schöne Blasmusik,
          die uns, das Volk, möcht' herzlich grüßen
          und auch das Wandern will versüßen.
So kommt man richtig voll in Schwung,
es ist ein Tag für Alt und Jung!
Und einer fragt beglückt den andern:
„Wann geh'n wir wieder einmal wandern?"

Wer drüber reflektieren mag,
was so geschieht am Wandertag,
der mög' es einmal selbst erleben,
und nicht in Theorien schweben.
Er such' sich aus den Wanderort,
ob ihm gefällt die Gegend dort
und die Medaille, die man kriegt,
hat man die Route erst besiegt.
Dann mache man sich einen Plan:
Wann fährt man ab, wann kommt man an?
Wie schnell, wie lange will man geh'n?
Will man die Landschaft sich beseh'n?

Auch noch Wandertag

Nun fährt man los, hin zu dem Start;
bekommt 'ne Kart' vom Wanderwart
und Traubenzucker für die Strecken,
auf das an Süßem man kann lecken.
Man staunt und kann es kaum noch fassen:
zum Starte drängen Menschenmassen,
die emsig ihre Füß' woll'n regen
auf den genau markierten Wegen.
Da gibt es Alte, Junge, Große, Kleine.
So mancher geht hier ganz alleine,
obgleich die meisten sich entpuppen
als ausgesproch'ne Wander-G r u p p e n.
Und manch Skurriles kann man seh'n:
Dort auch Familien wandern geh'n,
die kommen mit 'nem Kinderwagen.
Oft werd'n die Babies selbst getragen.
Sie hocken auf des Vaters Rücken,
die Welt von oben zu erblicken.
Was sind die Kinder wirklich nett,
doch ihre Mütter leider fett.
Wie machen diese Leut' das bloß,
ach, ihre Kiste ist so groß.
Man sich da so Gedanken macht:
„Wenn nur die Hosennaht nicht kracht...“

Und auch die Schuhe sind unmöglich:
mit Clogs ist man halt unbeweglich.
Die Damen kommen nicht vom Fleck,
z u   schwer wiegt der Matronenspeck.

> Sie wälzen ihre Leibesmasse
> die Berge rauf. O welche Rasse.
> Sie laufen mit, ganz ungeniert.
> Es stört sie nicht, was sie so ziert
> an zusätzlichen vielen Pfunden,
> die ihre Formen schrecklich runden.

Gottlob erblickt man auch die andern,
die nicht so dick, mit Tempo wandern,
und dann die Sportler, die gar rennen,
Figurprobleme schwerlich kennen.

> Man reiht sich ein, läuft tapfer mit
> und sucht für sich den richt'gen Schritt;
> bekommt dann unterwegs zur Stärkung
> manch' Becher Tee, der zeigt bald Wirkung,
> sodaß man sehnt sich nach 'ner Klause -
> gezwungen legt man ein 'ne Pause...

Und weiter geht's durch Berg und Tal.
Da sieht man doch mit einem Mal
am Berg, der gegenüberliegt,
daß man nur d a   den Stempel kriegt.

> Man merkt genau, daß man, o weh,
> erst runter muß, dann in die Höh' !
> Verbissen läuft man mit Gezeter
> und Schmerz am Zeh die Kilometer,
> die wohl aus Gummi müssen sein.
> Zum Schluß spürt man bald jeden Stein.

Noch einmal wird sich aufgerafft,
und endlich ist es doch geschafft.
Es winkt das Ziel, es lockt das Bier.

> Man holt sich die Medaille hier,
> die einmal wird erinnern dran,
> daß man hier fing zu wandern an
> mit ‚Freuden‘, die nur der ermißt,
> der einmal mitgewandert ist.

Gute

Wünsche

Zum Muttertag

"Ich wünsche Dir, lieb' Mütterlein,
ein Leben ganz voll Sonnenschein.!"
So wußten wir gar oft zu sagen
in unsern alten Kindertagen.

Doch als man dann erwachsen ward
und sah, wie's Leben oftmals hart,
und daß die Sonn' nicht immer scheint,
der Lebenshimmel auch mal weint,

da wird man plötzlich ganz bescheiden
und wünscht der Mutter: "Wenig Leiden,
Gesundheit, die für alle wichtig,
dem Leben Würze gibt erst richtig;
und jeden Tag 'ne kleine Freude -
nicht nur am Muttertag, wie heute!"

Und wenn dann in Erfüllung geht
die Hälfte von dem, was hier steht,
dann woll'n wir mit Dir glücklich sein,
denn d a s ist auch schon Sonnenschein!

Wir schenken Dir in diesem Jahr
was ganz besondres, das ist klar;
es wird Dein Herz erfreuen fein,
und soll ein kindlich Dank Dir sein.

Am Muttertag

Am Muttertag - es ist so Sitte -,
sobald das Kind tut eigne Schritte,
will es gern einmal "Danke" sagen
für all' die Mühen, all' die Plagen,
die eine Mutter, hingegeben,
so täglich auf sich nimmt im Leben.

Als Kleinkind kommt man angewackelt -,
es hat noch nicht von selbst geschnackelt -
an Vaters Hand mit einem Sträußchen.
Die Mutter ist ganz aus dem Häus'chen
vor Freude über diese Geste:
"Ach Mann, Du bist der Allerbeste!"

Geht man zur Schul', wird man gehalten,
den Tag recht festlich zu gestalten.
Man bastelt eifrig viele Dinge -
- wenn das doch einfacher nur ginge -
und schreibt sehr schön voll Tatendrang
auch ein Gedicht, so ellenlang,
mit Fleiß aus einem Buche ab,
das uns der Lehrer dafür gab.
Was war die Freud' bei Mutter groß.
Sie fand das alles grandios!

Man wird ganz langsam immer größer,
versteht von sich aus immer besser,
sich Möglichkeiten auszudenken,
wie man die Mutter kann beschenken.
Und automatisch man verfällt
aufs zugestand'ne Taschengeld,
das in 'nem Schweinchen wohlverwahrt
mit Seufzen wurde aufgespart.

Manch' Lutscher mußt' man sich verkneifen -
und Mutter schien es zu begreifen,
was das für'n Opfer für uns war:
sie strich uns dankbar übers Haar.

Und wieder ein paar Jahre weiter -
man ist jetzt, glaub' ich, schon gescheiter -
entschloß man sich im Herzen innen,
recht andre Wege zu beginnen,
daß sich statt materieller Werte
der Dank ins Ideelle kehrte:

Man wollt' mit unhörbarem Stöhnen
ans Haushalthelfen sich gewöhnen,
ans Einkaufen und Saubermachen,
ans Staubwischen und noch so Sachen -
was fällt es uns doch, ach, so schwer -
Doch Mutter freut es sicher sehr!

Ist eines Tages man erwachsen,
verflogen alle Kinder-Faxen,
bemerkt man eine Variante,
die man bisher als Dank nicht kannte:

Nebst Blumen zu dem alten Feste
muß man gesteh'n: "Nur's Allerbeste
will Mutter für die Kinderlein,
auch wenn sie mal mußt' böse sein.
Sie will uns ja das Rüstzeug geben
zu gutem, mitmenschlichem Leben!"

Die Mutter, wissend, lächelt leise
gerührt auf ganz besondre Weise.

Die Jahre sind sehr schnell entfloh'n.
Man hat nun eigne Kinder schon,
ist Mutter und zugleich noch Kind,
was man schon manchmal seltsam find't.

Man sieht nicht nur mit Kinderaugen,
was Opfer aller Mütter taugen,
und weiß jetzt, was man investiert,
wenn Kinder man ins Leben führt.

Doch sicher ist es allen klar,
daß eine frohe Kinderschar
uns bleibende Erfüllung bringt
und tief in unser Herz eindringt.

Ganz selbstverständlich gibt man heiter,
was man empfing, den Kindern weiter.
Ist dies dann von Erfolg gekrönt,
fühlt man vom Glück sich hoch verwöhnt.

So schließt sich in dem Weltgetriebe
der ew'ge Kreis der Mutterliebe.

Geburtstag
der Großmutter

Liebe Omi, laß Dir sagen:
Unsre Herzen höher schlagen,
wenn es heißt: "Auf, auf ihr Leut'!
Omi hat Geburtstag heut!"

Schnell wir uns in Schale werfen.
Bis wir fertig, kostet's Nerven:
Schuhe, Strümpfe, Kleid, Make-up -
meistens geht ein Knopf noch ab.

Endlich steh'n wir akkurat
startbereit im Sonntags-Staat.
Nun noch das Geschenk genommen.
Schwupp – daß wir zu spät nicht kommen,
flitzen wir ins Auto rein.

Da fällt siedend heiß uns ein,
kaum, daß wir grad' gut gesessen,
daß die Blumen wir vergessen.
Marsch zurück! M i t Blumen bloß
darf die Fahrt erst gehen los.

Omi schaut hoch vom Balkon,
sieht uns nah'n von weitem schon.
Steht in ihrem schönsten Kleid
strahlend zum Empfang bereit.

"Heißa, wir sind fröhlich da:
Glückwunsch, liebe Omama!
Möge Dir im neuen Jahr
Schönes blühen immerdar!"

Dankend nimmt sie unsern Segen,
Blumen und Geschenk entgegen,
führt uns gleich mit frohem Sinn
zur Geburtstagstafel hin.

Angeregt und ohne Zaudern
fangen wir bald an zu plaudern.
Immer wieder uns gefiel
das geliebte Flunderspiel.

Und zum Abendbrot gibt's Sachen,
lassen 's Herz im Leibe lachen.
Opa schenkt die Gläser ein:
reichlich Bier, dann reichlich Wein.
Und als krönendes Konfekt
gibt es Eis und kühlen Sekt.

Ehe wir die Gläser heben,
hoch die Omi lassen leben,
hält die Tochter voller Schwung
die Geburtstagshuldigung.

Diese endet jedes Mal,
ob kurz, ob lang, ist ganz egal,
mit einem Trinkspruch, der so klingt,
wie er ihr aus dem Herzen springt:

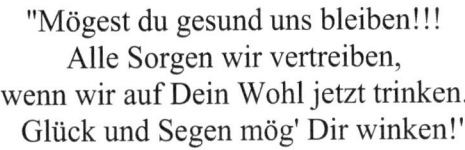

"Mögest du gesund uns bleiben!!!
Alle Sorgen wir vertreiben,
wenn wir auf Dein Wohl jetzt trinken.
Glück und Segen mög' Dir winken!"

Alle rufen lauter noch:
"Unsre Omi lebe hoch!!!"

Zum Geburtstag vom Vater

Ick möcht' so jerne vielet sagen,
wenn een sehr lieber Mensch – ach wat -,
wenn unser Vati mit Behagen
am heutjen Tach Jeburtstach hat.

Ick würde reden über Sachen,
die keener jloobt – so schön sind die.
- Villeicht, det manche drüber lachen -
doch w i r verjessen ihm det nie!

Er is, wie in verjangnen Zeiten,
von alter Schule 'n Kavalier:
Hat er 'ne Dame zu jeleiten,
so reicht er'n Arm sehr freundlich ihr.

Will eene ihn mal jern besuchen
und hat keen Auto – wat Malhör -
fängt er nicht etwa an zu fluchen,
e r holt se ab – i h m fällts nich schwer!

Nich, wat ihr denkt – nee, nee ihr Leute,
Er seiner Frau is immer treu!
Det fiel ihm niemals schwer bis heute,
und is euch sicher ooch nich neu.

Im Jejenteil, so oft im Leben
sein Frauchen krank war, pflejt er sie
und hat ihr Lebensmut jejeben,
sodet se wieder jut jedieh.

Er half den Haushalt machen tächlich,
kauft' Essen, Trinken fleißich ein,
bis ihr et endlich wieder möchlich,
'ne Hausfrau wie jewohnt zu sein.

Er hat noch andre Qualitäten
und wird nich nur deshalb jeliebt,
weil er als Opa unjebeten
so manche jute Jabe jibt.

Er kann von Herzen richtich lachen,
wenn er mit seinen Enkeln spielt.
Kann Schnickschnack er mit ihnen machen,
d e n n er sich richtich jlücklich fühlt.

Wenn manche schimpfen, toben, schreien,
weil ihnen det und det nich paßt,
würd' e r viel lieber oft verzeihen -
ick jloob, er hat noch nie jehaßt.

Er lebt so jern in tiefem Frieden
mit allen, die ihm jut bekannt.
Wo heut' so viele unzufrieden,
is det schon wirklich allerhand.

Ach wenn er uns doch viele Jahre
in Reinkultur erhalten blieb'.
D e t wär det einzich-richtich Wahre.
S o ham wa ihn am liebsten lieb!

Det allet würd' ick ihm erklären.
Doch weil ick mir so sehr genier',
ruf ick nur laut – ick, seine Jöre –:
„Ick wünsch' Dir Jlück – und immer Bier!

Gratulation
für eine
perfekte Frau

Weil sie heute Geburtstag hat,
die Frau des Hauses von Format,
sind gern wir all' bei ihr erschienen,
zu wünschen Glück mit frohen Mienen.
Es kommen im Schwall
wir Freunde all'
und woll'n gratulieren,
mit viel Jubilieren,
uns auch amüsieren
und gerne probieren,
was zum Schnabulieren.
Hab'n unsre Gaben sie erfreut,
hat uns das Kommen nicht gereut.

Was ist sie für 'ne tücht'ge Frau,
ob da, ob dort – ihr wißt's genau.
Sie steht dem Hause glänzend vor
mit großer Kraft, auch mit Humor.
Es ist uns ganz klar
schon seit manchem Jahr:
sie wischte und putzte
und säubert' und stutzte,
die Zeit sie sehr nutzte;
sie wirkte und wachte,
wie'n Heinzelmann 's machte.
So blieb bei ihrem Tatendrang
ihr unbekannt der Müßiggang.

Ihr Mann hat wirklich großes Glück.
Sie ist für ihn sein 'Bestes Stück'.
Fast immer ist sie für ihn da,
in jedem Fall – was auch geschah.
Merkt auf, was ich schreib':
Als treuestes Weib
sie dauernd sich hinstellt
und lächelt und fächelt
und stichelt und köchelt;
und sorgt, daß ihm bliebe
genügend der Liebe.
Das ist nun mal, ganz kurz gesagt,
was einem Mann so sehr behagt.

Und für die Kinder – glaubt es nur -
ist sie Mama rund um die Uhr.
Wenn immer eins mit Weinen klagt,
hat sie den Kummer fortgejagt.
Sie nahm 's in den Arm,
daß ihm wurd' ganz warm.
Sie Frohsinn versprühte,
erhellte in Güte
das traurig Gemüte
mit Streicheln und Trösten
vom Kleinsten bis Größten.
Kein Wunder, daß in kurzer Zeit
der Jammer war Vergangenheit.

Auch in der Küche sie nicht ruht.
Was duftet's dort doch immer gut.
Sie wirkt als beste Küchenfee,
ist Meisterin in dem Metier.
Man kann sie da seh'n
im Gehen und Steh'n.
Da bratet und backt sie,
da schneidet und hackt sie,
da wiegt und verpackt sie,
da kocht sie und würzt sie,
Erkaltetes stürzt sie.
Ist schnell der Tisch noch schön gedeckt,
freut sie sich, daß es jedem schmeckt.

Das Nähen macht ihr viel Pläsir.
Ich will's euch gern erzählen hier.
Es dauert meist nur kurze Zeit,
bis sie genäht ein neues Kleid.
Bald ist es erreicht.
Ihr fällt's ja so leicht,
den Schnitt zu entdecken,
das Schneiden und Stecken,
das Nähen und Glätten,
das Säumen und Plätten,
das Kleid zu probieren
und noch zu verzieren.
Begeistert blickt man auf sie hin
als die perfekte Schneiderin.

Am Ende dieses Loblieds nun
bleibt uns nichts andres mehr zu tun,
als ihr, die ihr jetzt kennt genau
als wunderbare, kluge Frau,
zu wünschen charmant
mit Herz und Verstand:

"Gesundheit, nie Kranksein,
erfolgreiches Dasein;
nie Schmerzen, nur Freude
für immer, auch heute!

Bei all' ihrem Regen
sei auch Gottes Segen!"
Wird dieses alles wirklich wahr,
dann wird sie sicher hundert Jahr'!

Zum Wohl!
Wir stoßen mit ihr an,
daß alles sich erfüllen kann!

DAS GEBURTSTAGS-GESCHENK

Wenn man als Ehefrau im Jahr
'ne brave Nur-Hausfrau stets war,
und daran denkt, was bald find't statt:

Der Ehemann Geburtstag hat!,

dann kriegt die Frau den kalten Graus.
Sie bricht in tausend Ängste aus:
Es sind nur noch paar Tage hin,
doch ihr kommt gar nichts in den Sinn,
wenn sie da steht am Essens-Topf
und sich zermartert ihren Kopf,
und denkt und denkt in einer Tour:
"Was denn, zum Henker, schenk' ich nur."

Man hat sich's manchmal leicht gemacht
und an 'nen guten Duft gedacht.
Jedoch Rasierwasser geht nicht:
das hat er grade erst gekriegt.

Es fällt ihr absolut nichts ein. -
Wie wär's mit 'nen paar Socken klein?
Doch da könnt' sie vergeblich laufen,
die will er stets sich selber kaufen.

Oder mit einem schönen Schlips
aus rosabuntem Seidenrips?
Der leider blieb' im Schrank nur liegen.
Er trägt begeistert ja nur Fliegen!
Und von den neuen dieser Welt
gibts keine, die ihm gut gefällt.

Ein Oberhemd, neu, fein und schlicht,
dies hatte er schon lange nicht -
Doch das fänd' er wohl auch nicht toll:
er hat damit den Schrank noch voll. -

Ihr wird im Geiste immer schlimmer.
Ach, Unterwäsche braucht er immer.
Doch er meint: "Da ist noch kein Loch.
Die Hemd' und Hosen reichen noch."

Vielleicht 'nen Pulli, wenn's so kalt,
der einz'ge ist schon Jahre alt?
Doch weiß' sie, das wär nicht das Beste.
Weil ihm stets warm, bräucht' er 'ne Weste.
Und – langer Jahre Ehe-Lohn -
er hat ein Dutzend schon davon.

Und weil sein Hobby ist Musik,
wär'n neue Noten vielleicht chic?
Das ist nun wirklich diffizil,
denn welche braucht er noch fürs Spiel?

Oder für seine Malerei
fänd' sicher sich so allerlei.
Auch da, man möcht' schon leise fluchen,
will alles er sich selbst aussuchen.

Und jetzt in der Computer-Zeit
wär' Software vielleicht ganz gescheit?
Die Lösung sie da auch nicht find't,
was da so seine Wünsche sind.

So denkt sie hin und denkt sie her,
was ist das Schenken doch so schwer.
Es geht ihr auf kein rettend Licht.
Das Richt'ge findet man halt nicht.
Da gäb's vielleicht schon manche Sachen,
die ihm bestimmt auch Freude machen.
Er ist ja vielseitig begabt –
doch alles hat er schon gehabt. -

Wie wäre es, wenn man ihm bäckt,
was ihm schon immer gut geschmeckt?

Doch das ist ganz besonders schwer.
Es ist ja schon so lange her,
daß er nicht mußt' die Mahlzeit messen,
daß er konnt' tolle Torten essen.
Er muß jetzt achten früh und spät
gesundheitlich auf die Diät.

Er kann nicht mehr dem Schlemmen frönen,
muß oft bei dem Gedanken stöhnen,
was all's er n i c h t mehr essen darf:
Nicht fett, nicht süß, nicht schwer, nicht scharf!

Denkt er an alte Zeiten bloß:
Vorbei ist's mit 'nem Eisbein groß.
Und Alkohol – welch' Hochgenuß -,
damit ist's auch schon lange Schluß.
Zur Weihnacht Kekse, Schokoprinten,
die kann er anseh'n nur von hinten.

Er aß oftmals ein Eis-Dessert.
Dies nicht zu essen fällt ihm schwer.
Und vorm Diäteis nimmt, o Graus,
er schleunigst gern und schnell Reißaus.
Weil hier er leisten muß Verzicht,
kann man auch dies ihm schenken nicht.-

Da schließlich macht sie's beste draus:
Es bleibt halt nur der Blumenstrauß
und noch ein Gutschein obendrein -
vielleicht fällt selber ihm was ein -,
dazu ein festlich Lebenslicht.

"Viel Glück mein Schatz!!!"

- Mehr gibt es nicht.

Und übrigens:
Wär's umgekehrt:
S e i n Leben wäre unbeschwert.
E r bräucht' nicht lange nachzudenken,
was er ihr etwa könnte schenken.
Denn s i e weiß immer sehr genau,
was dringend man so braucht als Frau.
Und daß er merkt, was es denn sei,
bringt sie's ihm ganz unmerklich bei.
"Ich weiß halt immer", strahlt er dann,
"was man sein'm Frauchen schenken kann..."

Festgedicht
zum
60. Geburtstag

Ist man ein kleines Mägdelein,
möcht' gern man schnellstens älter sein
und sehnt die Jugendzeit herbei,
die meistens ziemlich sorgenfrei.

Sind dann die "Zwanz'ger" erst erreicht,
wird das Erwachsensein nicht leicht.
Die Schule erst, dann der Beruf
uns manche Schwierigkeiten schuf.

Auch könn'n wirs nicht als leicht empfinden,
wenn 'ne Familie ist zu gründen.
Und eh man sichs so recht versieht,
ist man zur Dreiß'gerin erblüht.

Es kommt das Häusle-Bau'n dazu;
dabei hat keiner Rast noch Ruh'.
Die Zeit verrinnt - man weiß nicht wie.
Es wird gerackert spät und früh.
Dann eines Tages ist's soweit:
Die "Dreiß'ger" sind Vergangenheit.

Gut hat man eingerichtet sich
in seinem Leben meisterlich.
Weil man jetzt viel Erfahrung hat,
geh'n oft, gottlob, die Dinge glatt:

Die Kinder wachsen schnell heran.
Nicht nur der Mann schafft's Geld heran.
Oft auch die Frau, mit gutem Mut
und Sachverstand, verdient recht gut.
Man lebt dahin ohn' Knauserei -
sieh da - die "Vierz'ger" sind vorbei.

Nun sieht das Leben man gelassen,
hat keine Angst, was zu verpassen.
Die Kinder aus dem Hause gehen.

Bald gibt's ein freudiges Geschehen:
Sehr überrascht man ruft: "Hurra,
die ersten Enkelchen sind da!"

Jetzt gibt es wieder junges Leben,
und man genießt ganz hingegeben
das Oma-Sein, das uns gibt Kraft,
wenn ab und zu man abgeschlafft.

Man hat zu allem jetzt mehr Zeit.
Und Schweres ist Vergangenheit.
Man sieht die Welt als Optimist -
was machts, daß man jetzt sechzig ist?!?!?!

Man sieht, daß es hier ganz konkret
der Jubilarin auch so geht.
Wir wünschen, daß nur wohlgesinnt
ihr ihre "Sechz'ger Jahre" sind!

Und Glück begleite sie und Segen
auf allen ihren weit'ren Wegen!
Wir trinken drauf und rufen all':
"Hoch soll sie leben - sechzigmal!!!"

Festgedicht
zum
70. Geburtstag

Hier ist unser Jubilar!
Er wird wirklich 70 Jahr'!
Wenn man es so recht bedenkt,
uns das Altern nicht bedrängt.

Hat die Siebzig man erreicht,
sind für's Leben wir geeicht.
Unsre Kinder sind nun groß,
sie ließ man ins Leben los,
und wie's geht im Lauf der Welt,
Enkel hab'n sich eingestellt.

Auch der erste Lack ist ab.
Man ist ab und zu mal schlapp.
Die Gesundheit, lang erblüht,
sich nun öfters uns entzieht.

Aus beruflichen Rekorden
ist gebremster Lauf geworden.
Und auf Jugend-Sturm und -Drang
folgt ein ruhigerer Gang. -

Doch man hat in langen Jahren
viel erlebt und viel erfahren.
Ängste, die man mitgeschleift,
sind nun völlig abgestreift.

Weg ist manch' geheimes Zittern.
Nichts kann leicht uns noch erschüttern!
Schwierigkeiten zu besteh'n,
meistern wir ganz souverän.

Viel, worauf bis jetzt mitnichten
konnt' unmöglich man verzichten,
läßt man ohne Bitterkeit,
lernt des Herzens Heiterkeit!

Jetzt gereift man bestens ist.
Glücklichsein man nicht vergißt,
reist genüßlich durch die Welt,
hat gottlob dazu das Geld.
Kurz und gut, man ist nun wer,
endlich doch sein eigner Herr.

So denkt auch der Jubilar.
Und wir finden's wunderbar,
ihm zu wünschen Gottes Segen,
Glück auf allen seinen Wegen!

"Bleib gesund viel' Jahre noch!
Lieber Jubilar, leb' hoch!!!"

Zur Rosenhochzeit

Wer soviel buntbewegte Jahre
hat durchgestanden voller Treu',
der kann verkünden mit Fanfare,
daß dies die wahre Liebe sei!!!
Ganz gleich, ob auf der Lebensbühne
die Sonne schien oder mal schlief,
Ihr machtet immer gute Miene,
ob Lebens-Hoch, ob Lebens-Tief.

Zehn Jahr' zusammen in der Ehe,
das bindet aneinander sehr.
Gemeinsam teilt man Wohl und Wehe,
und Schweres wird nur halb so schwer.
Und Schönes findet man erst herrlich,
kann man's in Zweisamkeit beseh'n.
Es gibt nichts Besseres – ganz ehrlich –,
als wenn sich Eheleut' versteh'n.

Daß dem so ist, das kann man sehen:
wenn ihr 'ne Jungfamilie seid,
wenn dann als Liebes-Krönung gehen
mit Euch auch Kinder an der Seit'!
Ihr feiert 's Hochzeitsfest der Rosen.
Die Liebe steht nun im Zenith.
Ihr wißt, daß jetzt bei Eurem Kosen
sie ganz besonders schön erblüht.

Und wollt Ihr Euch an ihr erfreuen,
so pflegt mit Sorgfalt sie allzeit.
Dann wird sie immer sich erneuen
als Leidenschaft, als Zärtlichkeit.
Daß Euch dies gut gelingen möge
an glücklich-frohen Stunden reich
auf Eurem weit'ren Ehewege,
d i e s wünschen wir von Herzen Euch!!!
Eure Eltern

Zum Namenstag

Für uns als Christen ohne Frag'
bedeutet viel der Namenstag,
an dem d e r Leute wird gedacht,
die unserm Namen Ehr' gebracht.

So manche wurden erst bekannt,
seitdem man 'heilig' sie genannt
und sie als Vorbild deklariert.
Doch Gott hat a l l e registriert;
auch die, die nur so ganz im Stillen
das Christentum mit Leben füllen.

Drum freu' Dich über Deinen Namen.
Magst auch im Glauben nicht erlahmen.
Dann hast erfüllt Du, daß Du 's weißt,
des Namenstages Sinn und Geist!

Zum Ehrentag wir wünschen Gottes Segen
im neuen Lebensjahr auf allen Wegen,
die Sie für die Gemeinde gehen müssen.
Es ist oft schwer – auch wir es alle wissen.
Doch lassen Sie sich's bitte nicht verdrießen,
Erfolg wird manchen Ärger auch versüßen.

Es lohnt die Mühe für Sie, -darf man's schreiben?-
des Pfarrer-Seins sich stark bewußt zu bleiben.
Denn das alleine macht Gemeinde aus,
zeigt sich der Pfarrer auch als Herr im Haus.
E r muß die Fäden in der Hand behalten,
mögen auch viele für ihn schalten, walten.

Ein Pfarrer nur kann dem Gemeindeleben
d e n Funken, der dann endlich zündet, geben.
Er sollt' - kann er nicht allen alles sein -
jedoch der Erste unter Gleichen sein,
auch, wenn viel lieber er der Letzte wär',
weil ihm das Sich-Hervortun fällt so schwer.

Ohn' Unterlaß müßt' mahnen er und bitten,
müßt' einen die, die manchmal sind zerstritten,
müßt' alles, was oft unklar, neu erklären,
denn viele sonst gar schrecklich ratlos wären.

Er sollte tief davon durchdrungen sein,
daß geistlich nähren e r nur kann allein,
daß e r muß seine Schäfchen motivieren,
ein Leben aus dem Glauben hier zu führen.
Dies ständige ‚Um-die-Gemeinde-ringen‘
wird sicher eines Tages Früchte bringen!

Daß Sie bis dahin nicht den Mut verlieren
und Freud' im Amte ab und zu verspüren,
dies hoffen, wünschen und erbitten wir,
die Ihnen gratulier'n von Herzen hier.

Jahres-zeitliches

_O s t e r n_

Was war das doch für ein langer Winter,
der uns viele Wochen in Atem hielt.
An seinem Ende erst kam man dahinter,
wie stark wir von Frühlingssehnsucht erfüllt.

Nun endlich kann man das Wunder sehen,
daß die Natur sich zum Leben erhebt,
daß wieder wärmere Winde wehen,
die Sonne alles von neuem belebt.

Und weilt man lang' schon auf dieser Erde,
empfindet man dankbar als großes Glück,
daß trotz aller Welt-Unruhe-Herde
der Frühling uns kehrt alljährlich zurück.

Drum lassen wir den Kopf nicht mehr hängen,
verspüren in uns eine neue Freud';
und frohe Gedanken zum Lichte drängen,
denn jetzt naht der Lenz - es ist Osterzeit!

Sommertag am Meer

Wie kann man solche Schönheit schildern?
Tief-blaue Segel windgeschwellt
und grüne Inseln sich erhebend
aus weitem Meer, nur leicht gewellt.

Die Lerche singt in hohen Lüften
ohn' Unterlaß ihr herrlich Lied.
Herüber voll von Meeresdüften
der Wind durchs Dünengras leis' zieht.

Ganz langsam geht der Tag zur Neige.
Es kehrt nun wirklich Stille ein.
Und alle Farben werden tiefer
im letzten Abendsonnenschein.

Ach, könnt' man wach für immer halten
in der Erinnerung dies Bild.
Ich will es hier im Wort gestalten
ganz von Begeisterung erfüllt.

Welch Wunder der Natur - das Meer!

Welch Wunder der Natur - das Meer!
Es wogt beschaulich hin und her;
es braust heran, lebhaft geschwind,
wenn schnell erwacht sein Bruder Wind.

Doch tritt der Sturm die Herrschaft an,
das Meer in Wogen rollt heran,
zeigt sich in seiner ganzen Macht,
hat Segen oft, auch Not, gebracht.

Nur durch des Mondes ganze Kraft
zeigt sich's mal druckvoll, mal erschlafft.
Mal steigert's sich zu großer Flut,
mal ebbt es ab - und nie es ruht.

In ew'gem Kreislauf unentwegt
es viele Schätze in sich trägt:
'ne Muschel oder Schneckenhaus,
die sehn mal jung, oft uralt aus.

Oder ein Stein, geformt ganz rund,
heraufgespült vom Meeresgrund
und feingeschliffen durch die Wellen,
die weißaufblitzend landwärts schnellen.

Jedoch holt auch das Meer zurück
vom Ufer sich so manches Stück
und alles, was da hält nicht stand
dem großen Sog, der oft verkannt.
Leis' oder laut die Brandung grollt,
sie pausenlos zum Ufer rollt.

Es formt das Meer stets neu den Strand:
mal übersät mit feinstem Sand,
mal auch mit Muscheln oder Steinen,
läßt tiefe Buchten auch erscheinen
und bildet nie gewes'ne Priele.
Und nie kommt es zum End', zum Ziele.

Ohn' Unterlaß die Wellen wandern,
von ihnen keine gleicht der andern.
Mal scheint das Meereswasser blau,
bei Sturm und Regen grünlich-grau.

Unendlich ist der Wogen Heer.
Welch Wunder der Natur - das Meer.

Drei welke Blätter

Morgens, als ich aus der Tür geblickt,
fand drei Blätter ich, verwelkt, geknickt.
Eins, das blutig-rötlich vor mir lag,
sagte freundlich, eilig ‚Guten Tag‘,
ehe es erhob sich mit dem Wind
und davonflog in die Welt geschwind.

Doch das zweite lag am Wegesrand
und versank bald ohne Widerstand
wie ein Schiff, das leck und ohne Stütze,
an der tiefsten Stelle einer Pfütze.

Und das dritte, bernsteinfarbenzart,
hab' im Zimmer ich mir aufbewahrt.

Wenn der Winter dann gekommen ist
und die Bäume kahl sind, naß und trist,
wird das trockne Blatt dort an der Wand
winden der Erinn'rung goldnes Band
an die schnell vergang'nen Sommertage,
deren Rückkehr ich zu hoffen wage.

Herbstgedanken

Nach vielen kalten Regentagen
beginnt man ängstlich sich zu fragen:
"Wo eigentlich bleibt denn die Sonne,
die immer uns bringt eitel Wonne?"

Der Sommer ist schon lang' vergangen.
Man an den Winter denkt voll Bangen,
an Kälte, Regen, Sturmgebrause,
bei dem man bleibt sehr gern zuhause.

Da soll der Herbst uns Tröstung bringen
mit Farbenpracht und allen Dingen,
die nun geerntet werden können;
manch guten Schmaus kann man sich gönnen.

Doch damit nicht genug des Schönen.
Es soll die Sonne uns verwöhnen.
Erst sie kann uns den Herbst, den holden,
mit ihrem warmen Schein vergolden.

Drum jeden Tag ich hoffe, bange:
"Scheint heut' die Sonne – und wie lange?"
So hoff' ich zuversichtlich weiter,
bis endlich mal der Himmel heiter.

Dann wird man draußen mit Entzücken
die schönste Herbstlandschaft erblicken,
verzaubert durch die Sonnenstrahlen.
Kein Maler kann es schöner malen!

Adventsbrauch

Es gibt im Advent einen schönen Brauch.
Er ist altbekannt und ihr kennt ihn auch:

Ins Fenster hängt am 1. Dezember
man einen ganz speziellen Kalender.
Der ist mit zwei Dutzend Türchen bestückt,
hat unzählige Kinderherzen beglückt.

Es laufen täglich die Kleinen zu ihm,
um jeweils e i n Türchen schnell aufzuzieh'n,
und um zu sehen voll Spannung vereint,
welch' schönes Bild denn diesmal erscheint.

Vierundzwanzig Tage geht es voran,
bis endlich das Weihnachtsfest kommt heran,
auf das man sich so lange schon freut,
wenn endlich erklingt des Glöckleins Geläut.

So soll der Kalender an den Scheiben
die Zeit bis zum Christfest euch vertreiben,
an dem wir feiern so dankbar und gern
alljährlich wieder: die Geburt des Herrn!

Der Kalender zum Advent

Die Kasse klingelt, 's Geschäft floriert,
die Läden sind schön dekoriert,
die Süßigkeiten steh'n bereit:
Kein Zweifel, es ist Adventszeit.

Man will sich nun – und zwar beizeiten -
aufs Weihnachtsfest gut vorbereiten
und überlegt, wie heimlich man
den Lieben Freude machen kann.

Damit ihr nicht die Zeit verpaßt
und ganz genau täglich erfaßt,
wie lange ihr noch werkeln könnt,
gibt's den Kalender zum Advent.

Geht hin zu ihm mit schnellem Lauf.
Macht jeden Tag ein Türchen auf
und freut euch an den Bildchen schön,
die gegen's Licht sind anzuseh'n.

Wenn alle Tür'n geöffnet sind,
ganz klar, das weiß ja jedes Kind,
dann feiern wir das Weihnachtsfest,
das Herzen höher schlagen läßt.

Dann kommt das Christkind auf die Welt,
hat sich uns Menschen zugesellt,
hat uns in Liebe auserkoren,
zu retten uns, die wir verloren.

Adventskalender

Schon längst nun sind wir
keine "Kleinen" mehr.
Das Leben ist nicht mehr nur leicht –
auch schwer.

Da lassen wir uns gern nochmal entführen
ins Reich der Kindheit, lassen gern uns rühren
von seligen, vorweihnachtlichen Träumen,
die ins Erwachsensein hinüberschäumen.

Nostalgisch, silbrig glänzend hängt erneut
im Fenster ein Kalender. Welche Freud'!

Er gerne uns die Zeit verkürzen mag,
wenn wir ein Türchen öffnen Tag für Tag,
bis endlich der Termin herangerückt,
der uns als Kinder hat so sehr entzückt;
bis endlich wir dann feiern – heut' noch gern -
des Heilands Kommen, die Geburt des Herrn.

Ganz gleich, was auch ein jeder dabei find't:
In diesem Sinne sind wir immer Kind!

Adventskalendarisches

Schnell gleitend ist ein Jahr vergangen.
Die Weihnachtszeit hat angefangen!
Und wie's jetzt schon ein lieber Brauch,
bekommst – obschon du groß – ihn auch,
ihn, den Kalender zum Advent,
den jedes Kind so liebt und kennt,
und der vier Wochen vor dem Fest
uns an die Kindheit denken läßt:

Wie damals voller Seligkeit
wir morgens öffneten ganz weit
die Fenster und die kleinen Türen.
Wie konnten wir da täglich spüren,
daß näher kam der schönste Tag,
wo 's Christkind in der Krippe lag,
wo schien das Leben uns so süß -
ein Kinderträume-Paradies.

Wer sagt, daß wir – nun längst erwachsen -
darüber spotten nur und flachsen,
und daß wir darob hoch erhaben
und k e i n e Freud' mehr daran haben?

Drum häng' ihn fröhlich in das Licht.
Es weihnachtet! Vergiß es nicht!

Adventswunsch

Dies ist, wie ihr es ja schon kennt,
ein Süß-Kalender zum Advent.
Ihr seid natürlich ja schon groß
und meint, der sei für Kleine bloß
und seid vielleicht drüber erhaben.
Doch trotzdem sollt ihr euch dran laben.

Die kleinen Häppchen zeigen an,
wieviel man Zeit sich nehmen kann,
daß alles pünktlich fertig ist,
bis endlich kommt der Heil'ge Christ.

Man soll nicht nur an andre denken:
"Was soll ich diesem, jenem schenken?"
Nein, außerdem soll man beizeiten
sich innerlich selbst vorbereiten.

Daß alles dies euch mög' gelingen,
dies wünsch' ich euch vor allen Dingen!

Weihnachtszeit

Nun ist es wieder mal soweit:
Wir haben holde Weihnachtszeit!
Von jetzt an wird nur dran gedacht,
wie man den Lieben Freude macht.
Ob Alt, ob Jung, ob Groß, ob Klein,
ein jeder soll beschenkt nun sein.
 Man denkt sich erst einmal zuhaus'
 die schönsten Weihnachtsgaben aus;
 beschließt, daß man beginnt gleich morgen,
 sich die Geschenke zu besorgen.
Man macht sich auf mit gutem Mut.
Doch findet man es gar nicht gut,
daß man nicht kriegt – es ist gelacht -,
was man so schön sich ausgedacht.
Auch sonst ist's einem nicht geheuer:
Was ist das alles doch so teuer!
 Da sollte man gleich fleiß'gen Bienen
 aufs Selbermachen sich besinnen.
 Man näht und strickt und werkelt nun
 voll Eifer ohne auszuruh'n;
 und freut sich wie ein König dann,
 wenn das Geschenk Gestalt nimmt an.
Und kann man nebenbei versuchen
die ersten würz'gen Pfefferkuchen,
die auch – ganz klar – sind selbstgemacht,
d a   uns das Herz im Leibe lacht,
die Augen einem übergeh'n.
Man kann nun gar nicht mehr versteh'n,
warum man ist mal losgelaufen,
um alles f e r t i g nur zu kaufen.
 Und kommt der Weihnachtstag herbei,
 hat man für alle Allerlei
 und – grad', wenn man an andre denkt -
 hat man sich selber mitbeschenkt!

W i n t e r

Frau Holle schüttelt Betten aus,
war fleißig sehr in ihrem Haus
und läßt es reichlich schneien.
Wie lange mußten warten wir,
bis soviel Schnee kann endlich h i e r
der Gegend Glanz verleihen.

Denn dies ist ein Naturschauspiel.
Und seine Schönheit gibt uns viel
zum Freuen und zum Schauen:
Das ganze Land ist weiß bemalt,
wird von der Sonne angestrahlt -
ganz leis' fängt's an zu tauen.

Welch Zauberer ist die Natur:
läßt winterlichen Wald und Flur
in tiefen Schnee versinken.
Man glaubt, daß unsre Stadt und Land
als kleines Weihnachtswunderland
zu uns herüberwinken.

Da wird des Frühlings Blütenmeer,
des Sommers Wachstum - überschwer -,
das herbstlich bald verblichen,
durch dieses Winters weißes Kleid,
das leuchtet uns nun weit und breit,
in Wahrheit ausgeglichen!

Und wenn bei großer Kälte oft
ihr schrecklich schimpft, auf Wärme hofft,
weil ihr hinaus müßt täglich,
dann denkt daran: ein Eiskristall,
der Flocken ungeheure Zahl
wär' ohne Frost nicht möglich!

Musikalisches

Maria, dich verehren wir
im Loblied für und für.
Du wolltest erfüllen
den göttlichen Willen
und hast uns geboren,
als wir war'n verloren,
den Heiland aller Welt.

Maria, sollst gegrüßet sein
in deiner Glorie Schein!
Ergeben dem Sohne!
Dir gab er die Krone!
Dich hat er erhoben
zur Königin droben
in Gottes Herrlichkeit!

Maria, Mutter unsres Herrn,
bleib' uns doch niemals fern!
Bei Gott für uns bitte!
Lenk du unsre Schritte,
wenn wir woll'n erstreben
das ewige Leben,
des Glaubens wahres Ziel!

Maria, treues Mutterherz
selbst in dem größten Schmerz.
Du sahest mit Bangen
den Sohn am Kreuz hangen.
O nimm voll Erbarmen
auch uns in die Arme
in unsrer letzten Stund'!

Neuer Text für das Lied:
"Marias Lob"
v. Joh. Brahms Op. 22 Nr. 7

Modernes Kirchenchor-Lied

Wenn montags abends ziemlich spät
die Chorprobe zu Ende geht,
empfindet jeder, der da sang,
nach einem Trunke großen Drang.
 So setzt man sich hin,
 hat Bier nur im Sinn.
 Doch andre woll'n Wein.
 Was soll es nun sein?
 Und mancher find't Saft
 als Trank fabelhaft.
Da gibt es hier wie überall
auf dieser Welt die Qual der Wahl.
Hacke hin und hacke her -
Was hat man's doch im Chor so schwer!

In jedem Jahr die Zeit kommt 'ran,
wo man das Chorfest feiern kann
im Herbst. Doch welcher Tag soll's sein?
Fast jedem fällt ein andrer ein:
 Der eine will Freitag,
 der andre will Samstag.
 Und dieser verreist dann
 und jener gar nie kann.
 Und andre sind Leiter
 beim Sport – und so weiter...
Da gibt es hier wie überall
auf dieser Welt die Qual der Wahl.
Hacke hin und hacke her -
Was hat man's doch im Chor so schwer!

Steht mal das Datum endlich fest,
glaubt man erledigt s c h n e l l den Rest.
Doch weit gefehlt! Nicht müde sein:
W o soll denn nun das Chorfest sein?
    Der eine meint oben,
    der andre meint unten.
    Ein Dritter woanders
    hat's schöner gefunden.
    Und dieser will's draußen,
    und jener will's drinnen.
    Man diskutiert emsig.
    Wer wird wohl gewinnen?
Da gibt es hier wie überall
auf dieser Welt die Qual der Wahl.
Hacke hin und hacke her -
Was hat man's doch im Chor so schwer!

Zu jedem Fest gehört ein Mahl.
Doch ist's natürlich n i c h t egal,
was man am Abend essen will.
Zu d e m Thema ist niemand still.
    "Wie wär's mit 'nem Braten?",
    die einen stark raten.
    "O nein, wir nur dürsten
    nach Schweins– und Rindswürsten!"
    So rufen von hinten
    die Anders-Gesinnten.
    Und jemand noch brüllt:
    "Es wird nur gegrillt!"
Da gibt es hier wie überall
auf dieser Welt die Qual der Wahl.
Hacke hin und hacke her -
Was hat man's doch im Chor so schwer!

Hurra! 's ist Einigkeit erreicht:
Nun fällt die nächste Frage leicht(?):
Was essen wir
zum Fleisch d a z u ? -
Das läßt doch wieder keinem Ruh':
   "Wir wollen Salate,
   nur ganz delikate!"
   "Ach nein, lieber e i n e r !
   Da braucht sich dann keiner
   gar gräßlich zu grämen,
   ob s e i n e n sie nähmen.
   Doch – macht man nur einen,
   - 's ist wirklich zum Weinen -
   man kommt nicht zum Ziele:
   Rezepte gibt's v i e l e .
   Wer hat nun das beste
   zu unserem Feste?
Da gibt es hier wie überall
auf dieser Welt die Qual der Wahl.
Hacke hin und hacke her -
Was hat man's doch
im Chor so schwer!

Ein Thema ist sehr int'ressant,
das bisher nicht Erört'rung fand:
W o v o n
woll'n wir das Fest begeh'n?
Mal seh'n, wie die Finanzen steh'n:
   Recht voll ist die Kasse.
   Es reicht für 'ne Masse.
   Doch Wein, Bier ist teuer.
   Geld schmilzt wie im Feuer.
   Der Kassenwart drohte:
   Salat und die Brote
   zum Auch-Schnabulieren
   müßt i h r finanzieren!
   Man ruft: "Es könnt' nützen,
   das Sparbuch zu ritzen.
   D a   gibt es die Kröten,
   die dringend vonnöten.
   Sie lang schon drauf lauern,
    nicht ganz zu versauern!!!
So gibt es hier wie überall
auf dieser Welt die Qual der Wahl.
Hacke hin und hacke her -
Was hat man's doch
im Chor so schwer!

Hat den Geburtstag man gehabt,
ist's Ehrensache, daß man labt
die Chormitglieder
mit 'nem Trank.
D i e singen dann
ein Lied zum Dank.
  Doch – was soll man wählen?
    Was ist zu empfehlen?
    Das kurze, bekannte?
    Das lang-elegante?
    Das schwere mit Noten,
    wo Achtung geboten?
    Das mit schönem Text?
    Es ist wie verhext:
    Bis einig man sich,
    die Bierblume wich.
    Der Wein wird fast warm
    vor Kummer und Harm.
Da gibt es hier wie überall
auf dieser Welt
die Qual der Wahl.
Hacke hin und hacke her .-
Was hat man's doch
im Chor so schwer.

Der Chorleiter die Lieder wählt,
den Gottesdienst er mit beseelt.
Kaum fangen wir zu üben an,
man manches Flüstern hören kann:
    "Das geht nicht ins Ohr",
    raunt leis' der Tenor.
    "Uns macht's keinen Spaß",
    brummt hinten der Baß.
    "Uns ist's viel zu hoch,
    geht's tiefer nicht noch?"
    So ruft der Sopran,
    als er kommt dann dran.
    "Dies ist ja Latein -
    nur deutsch soll es sein!
    Uns ist's viel zu schwer,
    ein andres muß her!"
    So wispert der Alt.-
    "Das lernen wir bald,
    nur keine Bange!
    Wir üben halt lange!"
    Man heiß debattiert.
    Wozu das wohl führt?
Da gibt es hier wie überall
auf dieser Welt die Qual der Wahl.
Hacke hin und hacke her -
Was hat's so'n Chorleiter
        doch schwer!

at er geübt so manche Stund',
cht er den Liedern auf den Grund,
bt an den Sängern streng Kritik,
uf daß aus Noten wird Musik.
  Den Ton aufzulockern
  soll v o r n e man hocken,
  nicht sich bequem sielen
  ganz schief auf den Stühlen,
  den Bauch eingedrückt -
  kein Ton da noch glückt.
  Doch – Arbeit der Tage,
  des Alltags groß' Plage
  läßt manche ermüden
  bei soviel Etüden.
  Sie wünschen sich lieber
  ganz einfache Lieder,
  die o h n e viel Mühen
  zum Chorklang erblühen.
)a gibt es hier wie überall
uf dieser Welt die Qual der Wahl.
Iacke hin und hacke her -
Vas hat's so'n Chorleiter
               doch schwer!

Und immer wird es Sänger geben,
die als Musik-Gott bei uns schweben,
die sagen laut mit frohem Mut,
ob Chorleiter sind gut genug.
Will so ein Leiter dirigier'n
in Vierteln, wollen s i e halbier'n.
Will e r 'n Crescendo, meinen s i e ,
d a ausgerechnet sei's zu früh.
Will e r 'ne Atempause gönnen,
beginnen s i e laut Takt zu rennen.
Möcht' e r nach Text eine Zäsur,
zähl'n d u r c h sie ihre Stimme stur.
Stellt er sich was 'piano' vor,
tönt's 'forte' manchmal aus dem Chor,
denn schließlich
soll man deutlich hören,
wie sie perfekt die Töne röhren.
  W i e soll er's da schaffen,
  die Chorstund' zu raffen,
  die Stücke zu üben,
  die Fehler aussieben?
  Mit Schimpfen und Schelten
  - wenn auch nur ganz selten -?
  Vielleicht auch durch Schmeicheln
  - man läßt sich gern streicheln -?
  Wie hättet i h r 's gerne,
  daß man es gut lerne?
  Wie in der Kaserne?
  Die lasche Moderne?
Da gibt es hier wie überall
auf dieser Welt die Qual der Wahl.
Hacke hin und hacke her -
Was hat's so'n Chorleiter
               doch schwer!

Nun habt ausführlich ihr gehört,
was alles uns im Chor empört.
Zufrieden sind n i e alle Teile,
es gibt halt keine Langeweile.
Und will Gewöhnung sich einschleichen,
muß schleunigst sie 'nem Thema weichen,
das von uns noch nicht diskutiert,
das uns von neuem animiert. - - -
    Doch immer wir kommen
    zu Nutz und zu Frommen
    viel Lieder zu singen.
    Sie sollen erklingen
    zu loben, zu preisen,
    die Ehr' zu erweisen,
    zum Bitten, zum Danke,
    daß keiner sich zanke,
    im Glauben nicht wanke.
D a r ü b e r gibt's bei uns pauschal
auf keinen Fall die Qual der Wahl.
Und geht's oft hacke hin und her -
D i e s fällt im Chor uns niemals schwer!!!

Der Musikverein
aus der Sicht eines Mitgliedes

In unsrer Stadt, nur mittelgroß,
ist trotzdem immer etwas los.
Und ganz speziell man Wert drauf legt,
daß jede Kunst hier wird gepflegt.

Besonders staunt man, was geschieht
auf musikalischem Gebiet.
Da gibt es täglich fast Konzerte
von unterschiedlich hohem Werte.
Doch wichtig ist's in jedem Falle,
daß diese bringen Freud' für alle.

Es setzt sich dafür auch sehr ein
tatkräftig der Musikverein.
Zu allererst des Chores Leiter,
als Hüter und als Wegbereiter
zum Werden eines Chors von Rang.
Er schafft es! Da bin ich nicht bang.
Kein Wunder, wie ihr alle wißt,
weil er die Seel' vom Ganzen ist.

Er bringt uns bei, wie man es singt,
daß auch der Geist des Werks erklingt.
Verlangt er auch viel Disziplin,
geh'n wir doch gern zum Üben hin.
Nur manchmal tadelt er die Runde:
"Woll'n Sie heut' nur 'ne Redestunde?"

Er trägt's mit Fassung und Humor,
wenn's leider öfter mal kommt vor,
daß manche – es ist nicht zum Lachen -
die gleichen Fehler wieder machen.
Obgleich da manchmal groß die Schuld,
verliert er niemals die Geduld.

Er übt mit uns voll Präzision,
bis sitzt auch noch der letzte Ton.
Sehr gut verständlich soll es klingen,
ganz gleich, ob laut, ob leis' wir singen.

Und wenn wir uns beim Rhythmus quälen,
sagt er: "Wie Maikäfer Sie zählen!"
und tröstet uns: "Auch die Solisten
bei diesem Stück sich schwertun müßten."

Mit neuem Mut wir packen's an,
bis endlich rückt für jedermann
die Generalprobe heran.
Jetzt zeigt sich's, was ein jeder kann.
Was bisher für uns Stückwerk war -
nun stellt es sich als Ganzes dar.
Man kennt erst recht des Werkes Klang,
hört man's mal im Zusammenhang.

Dann ist's soweit. Am nächsten Tag
vergessen ist des Übens Plag'.
Man trifft sich, um sich einzusingen,
auf daß die Stimmen schöner klingen.
Und schließlich spannungsvoll wir gehen,
um auf der Bühne gleich zu stehen.

Ein jeder denkt: "Es muß gelingen,
das Chor-Konzert g e k o n n t zu bringen,
daß man das Publikum verwöhnt,
wenn herrlich dieses Werk ertönt."

Nun gibt's nur noch Konzentration.....
Man staunt – da ist das Ende schon!
Aufatmend hört man den Applaus,
den spendet uns das ganze Haus.

Geschafft! Erleichtert und befreit
nimmt man sich jetzt auch noch die Zeit,
im Weinstübchen, hier gar nicht weit,
zu feiern in Gemeinsamkeit.
Es wird noch einmal durchgegangen.
ob wer, wann, wie hat festgehangen.

Auch holen wir uns neuen Schwung
- da d i e s Werk schon Erinnerung -
für's nächste Chor-Konzert, nicht wahr!-
So geht es weiter Jahr für Jahr.
Daß dies s o immer möge sein,
das wünsch' ich dem Musikverein!!!

Tröstliches

Wie ist das Leben?

Das Leben ist ohn' Schwindelei
nur eine einz'ge Schinderei!

Kaum ist man auf die Welt gekrochen,
man hat noch wirklich nichts verbrochen,
bekommt man – als ob schön das sei -
schon Prügel – für den ersten Schrei.

Hab'n wir dann endlich 'rausgefunden,
wie gut die Muttermilch tut munden,
verzweifeln oft wir mit Geschrei:
wooo gibt's denn nur die Leckerei?

Und kommen dann die ersten Zähne,
vergießt man wieder manche Träne.
Und jedes Wachsen – einerlei -
ist eine große Plackerei.

Kaum kann man endlich etwas krabbeln,
fängt fröhlich Laute an zu babbeln,
soll laufen man ohn' Spielerei
und deutlich sprechen allerlei.

Und läßt man sich nicht gern mehr drillen,
zeigt deutlich seinen festen Willen,
bekommt man wieder Schererei,
streicht manchen Klaps sich ein dabei.

Und in der Schule sollt' man lernen.
Wer macht denn das von uns schon gerne.
So mancher kommt dabei ins Schwitzen,
bleibt auch eventuell mal sitzen.
Auch da gilt meine Mäkelei:
Das Leben ist 'ne Schufterei!

Auch weiterhin hat man's nicht leicht.
Wenn endlich 's Schulziel ist erreicht,
fängt man schon wieder an zu fluchen:
man muß sich eine Arbeit suchen.
D a s ist vielleicht 'ne Lauferei,
da kann man fast verrückt werd'n bei.

Könnt ihr euch noch erinnern dran,
wie schwer man oftmals finden kann
den Mann, die Frau, das eigne Nest,
das einen glücklich leben läßt?
Auch da ist man nicht sorgenfrei -
nur sorgen sich darum jetzt zwei.

Und wenn die Zahl sich noch erhöht,
ein Kind in seinem Bettchen kräht,
ist's mit der Nachtruhe vorbei,
und keiner schläft bei dem Geschrei.

Und wenn die Kinder sich oft zanken,
gerät das Weltbild uns ins Wanken.
Die Hand rutscht aus, es knallt der Schlag,
obgleich man's gar nicht gerne mag.
Mit Lieb' und Güte ist's vorbei,
man kann nicht friedlich bleib'n dabei.

Und wird aus Kindern dann erst Jugend,
dann zittert man um deren Tugend.
Ist hin der Ruf – das ist nicht neu -
ist vielen vieles einerlei.

Sich fleißig regend wird man älter.
Der Lack geht ab, 's wird alles kälter.
Für Neues wir nun nicht mehr schwärmen,
wir uns an schon Gehabtem wärmen –
und nehmen reichlich Arzenei,
denn leider plagt uns allerlei.

Doch fühlt man sich grad mal recht munter,
soll'n wir ins Schattenreich hinunter.
Schon kommt Freund Hein herzugegangen,
hält uns mit festem Griff umfangen.
Da tun wir unsern letzten Schrei:
"Das Leben ist z u schnell vorbei!"

Und kommt man dann ans Himmels-Tor,
wo leider steht ein Wächter vor,
fragt zaghaft man, ob's möglich sei,
daß für uns noch ein Plätzchen frei.

Und wenn wir dann als Engel schweben
und denken an das Erdenleben,
erscheint es uns, jetzt, wo's vorbei,
doch gar nicht so als Quälerei:

Wie herrlich, an der Brust zu zutschen,
ganz klein am Boden rumzurutschen.
Und wär' das Lernen nicht gewesen,
könnt' Liebesbriefe man nicht lesen.

Verklärt denkt man an Jugendsünden,
an Brautzeit und 's Familie-Gründen.
Und ohne Job könnt' mangels Masse
man nicht bezahl'n, was große Klasse.

Drum lassen wir das Räsonieren,
woll'n lieber uns oft amüsieren
und hoffnungsvoll an allen Tagen,
es immer wieder mutig wagen.

Und ist ein wenig Glück dabei,
wird's Leben leicht, ohn' Schinderei!!!

Ach,was war das für 'ne Woche,
die man hinter sich gebracht,
eingespannt im Arbeitsjoche.
Wieviel Müh' doch alles macht.

Da soll nun das Wochenende
uns entschädigen ein Stück;
wenn nur nicht im Wege stände
man sich selbst und seinem Glück.

Arbeit, Ärger, ew'ges Stressen,
alles hat sich aufgestaut.
Man kann's leider nicht vergessen
und hat's auch noch nicht verdaut.

Deshalbt plant man, nur für Stunden,
einen Trip zu Mutter Grün,
um dem Ort, wo man geschunden,
um dem Alltag zu entflieh'n.

Niemand wird noch ruhig, leise,
sinnend in sich selbst versenkt, -
dabei hätt' auf diese Weise
man am meisten sich beschenkt.

Also packt man seine Sachen
eilig, schlechtgelaunt – nur fort!
Keiner kann es recht uns machen.
Oft ertönt ein böses Wort.

Schließlich ist man abgefahren;
kommt ganz deprimiert ans Ziel.
Überrascht soll man erfahren,
daß Bewegung ein Ventil.

Noch kann man davon nichts ahnen,
rennt im Laufschritt durch das Land,
zieht besessen seine Bahnen,
in das eigne Netz gebannt.

Doch allmählich wird es möglich,
wieder ganz normal zu geh'n,
und im Wandern, nun verträglich,
auch die Schönheiten zu seh'n.

Plötzlich stark uns interessieren
Blumen, die am Wegrand blüh'n,
hören Vögel jubilieren,
blicken, wie die Wolken zieh'n.

Schüchtern, fast wie ein Erwachen,
stiehlt sich Lächeln ins Gesicht,
wandelt sich sogar zum Lachen,
wenn man miteinander spricht.

So, wie jetzt, müßt's immer bleiben,
so erfüllt mit neuem Glück! -
Bald jedoch wird uns vertreiben
Pflicht, die ruft: 'Nachhaus zurück!'

Und von neuem muß versinken
man im alten Tageslauf.
Seh'n wir's Wochenende winken,
atmen wir erst wieder auf.

Warum kann man nicht durchbrechen
dieses bösen Kreislaufs Wahn
und die Anspannung zerstechen,
daß man Mensch noch bleiben kann?

Arztbesuch

Wie ist die Welt doch wunderbar!
Man lebt genüßlich Jahr um Jahr
und läßt nach Kräften wohl sich's sein.
So herrlich könnt' es immer sein.

Doch eines Morgens wacht man auf -
und anders ist der Lebenslauf.

Was ist das plötzlich so vertrackt,
wenn's schmerzlich hier und da mal zwackt
und oben oder unten zwickt.
O je, da ist man ganz geknickt.

Was ist's, was kann man da nur tun?
Es läßt uns einfach nicht mehr ruh'n.
Und schließlich den Entschluß man faßt,
obgleich es einem gar nicht paßt,
zum Doktor einmal hinzugeh'n.
Der soll mal nach dem Rechten seh'n.

Man kommt nun hin – meldet sich an,
und sitzt im Wartezimmer dann.
Man schaut die andern Leut' sich an;
natürlich man auch lesen kann.
Man ist jedoch sehr abgelenkt,
man dauernd an sein Übel denkt:

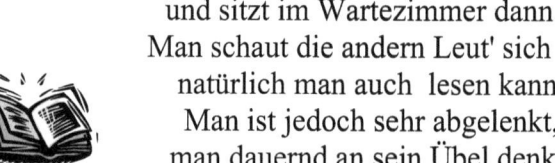

"Was werd' dem Doktor ich gleich sagen?"
"Wird er denn heilen meine Plagen?"
"Wird er erkennen, was mir not?"
"Ob's wohl so schlimm, daß ich bald tot?"

Es wird uns inwendig ganz heiß,
es bricht uns aus der kalte Schweiß,
es kommt die Mittagszeit heran -
und wir sind immer noch nicht dran.

Man fragt die Schwester, ob sie glatt
gerade uns vergessen hat;
Sie sagt, es kann – wir leis' erschauern -
nur 'nen Momentchen jetzt noch dauern.
Man wartet weiter ohne Klage -
was soll man tun auch in der Lage.
Es ist jetzt klar, warum zumeist
der Raum das Wartezimmer heißt.

Als man schon nicht mehr sitzen kann,
kommt endlich an die Reih' man dran.
Der Doktor uns bedauert sehr,
grad heut' besonders voll es wär'...

Dann schaut er freundlich scharf uns an
und nimmt sich unsrer Krankheit an.
Er untersucht ganz inspiriert
und kombiniert und konstatiert.

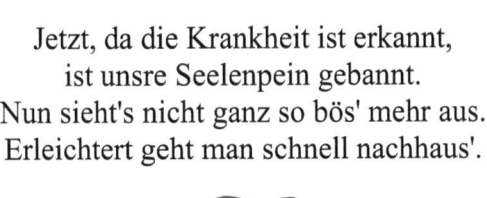

Und wir verfolgen angstgespannt,
ob er, was krank, erkennt und bannt.
Tatsächlich weiß der Doktor Rat,
hat Hilfe auch für uns parat.

Jetzt, da die Krankheit ist erkannt,
ist unsre Seelenpein gebannt.
Nun sieht's nicht ganz so bös' mehr aus.
Erleichtert geht man schnell nachhaus'.

Loblied
auf ein Krankenhaus

Es gibt in einer kleinen Stadt,
die Sinn für schönes Leben hat,
ein Krankenhaus, sehr kultiviert,
das viele Jahr' schon existiert.

Man staunt, als erstmals man betrachtet
die Riesenanlage – gepachtet,
um hier für Kranke neu zu bauen
zur Freude – schon allein beim Schauen.
Fürs Parken Platz für jeden Wagen.
Weitläufig schöne Grünanlagen,
wo man geht gerne auf und ab,
mal langsam, mal auch schnell im Trab.
Schnell, wenn es halt die Väter sind,
die so gespannt aufs erste Kind;
und langsam d i e Leut' voller Glück,
deren Gesundheit kehrt zurück,
und die da tun, vorsichtig im Tritte,
in freier Luft die ersten Schritte.

Beim Eintritt staunt man unentwegt,
wie groß das Haus ist angelegt.
Und nur durch manches klare Schild
ist man des Wegs sofort im Bild;
sei es, um jemand zu besuchen
mit Blumen, Büchern oder Kuchen;
sei es, um selbst sich zu begeben
zu Therapien, die vorgegeben
von Ärzten, die sehr pflichtbewußt
das vielzitierte 'Wie' gewußt.

Bis sie nicht ganz genau es wissen,
was sie beim Kranken machen müssen,
wird untersucht aufs Gründlichste
und manchmal aufs Empfindlichste,
sodaß, steht das Ergebnis fest,
kein Irrtum sich mehr finden läßt.
Ganz gleich – ob diagnostiziert,
daß der Patient wird operiert,
oder ob innerlich behandelt
er dann gesund nachhause wandelt;
ganz gleich – es startet voll Elan
die folgende Behandlung dann.

Zwar macht die Krankheit einem Kummer,
doch bleibt man Mensch hier – keine Nummer!
Es wird den Krankheiten in Massen
nicht die geringste Chance gelassen.
Ein jeder arbeitet und schafft
und wirkt, was steht in seiner Kraft.
Der Herr Professor und die Ärzte,
die Schwestern – zarte und beherzte -,
sie all' behandeln uns und pflegen.
Von früh bis spät die Händ' sie regen.
Und selbst des nachts zu stiller Stund'
dreht eine Schwester ihre Rund',
wo sie mit Argusaugen wacht,
daß ganz normal vergeht die Nacht.

Und was man nicht verschweigen soll:
Hier wird gesorgt fürs leiblich Wohl
in einer Weise – ungeheuer:
Man setzt uns vor, was gut und teuer,
und appetitlich angemacht,
sodaß das Herz im Leibe lacht.
Das ist durchaus nicht selbstverständlich.
Wer schon mal mußte unabwendlich
woanders in ein Krankenhaus,
weiß, dort sieht's manchmal nicht so aus.

Auch um die Seele sorgt man sich.
Es mühen sich gar brüderlich
die hiesigen Konfessionen,
um zu betreuen, die hier wohnen,
und sei's auch nur für kurze Zeit.
Man hält am Wochenend' bereit
'nen Gottesdienst zum Dank, zur Bitte
an Den, Der stets in unsrer Mitte.

Dies alles wollte ich mal sagen
all denen, die sich immer fragen,
wie sich's im Krankenhaus denn liegt,
das es in diesem Städtchen gibt.

Das Wochenende, von uns lang ersehnt
und nun endlich genaht, soll weg uns bringen
vom Alltagsstreß, der furchtbar in uns dröhnt,
zu wesentlichen, völlig andern Dingen.
    Wir ziehen uns zurück in die Natur,
    um ein paar Stunden uns nicht abzuhetzen;
    verlassen voll Elan des Werktags Spur,
    um Träume in Reales umzusetzen.
Doch sie zerrinnen, wie es oft geschieht,
im Regen und in aufgeweichten Wegen.
Bedrückt, enttäuscht man nun nach drinnen flieht.
Dies Wetter kommt uns, ach, so ungelegen.
    Da sitzt man nun, im Tatendrang gestört,
    beginnt darüber böse nachzusinnen.
    Doch plötzlich wird das Denken umgekehrt
    zu ungeahnten, neuen Bildern innen.
Sie steigen leicht wie Seifenblasen auf,
und in der Seele drin sie wachsen, reifen;
Gestalt sie nehmen an in schnellem Lauf,
bis völlig sie von uns Besitz ergreifen.
    Welch gänzlich Neues hat sich uns da aufgetan.
    Erstaunt erblicken wir ein andres Leben.
    D a f ü r wir gerne fliehen vor dem ‚action'-Bann,
    dem wir uns oft genug kritiklos hingegeben.
Nun eine bunte Welt vor uns ersteht -
und das Gemüt regt hoffnungsvoll die Schwingen.
Beglückt seh'n wir, daß unser Inn'res lebt,
muß nicht vergeblich um das Atmen ringen.
    So holen wir uns wunderbar die Kraft
    aus neuen, frischen, tiefen Quellen,
    die uns die Möglichkeit dazu verschafft,
    auch trübe Stunden wirksam aufzuhellen.

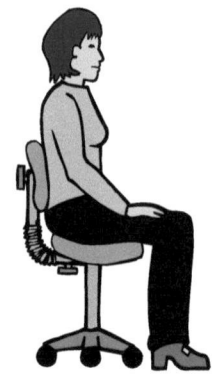

Kur-Aufenthalt

Das Leben, das uns unentwegt umbraust,
des' Wogen schlagen über uns zusammen,
das uns bedrängt, sodaß uns vor ihm graust,
hat uns erfaßt mit roher Hand, mit Schrammen.

Mit letzter Anstrengung der Kreatur
woll'n des Verlorenseins wir uns erwehren.
Wir finden d i e s e Lösung: ein Kur.
Nicht länger woll'n des Trostes wir entbehren.

Hier endlich gibt man uns die Möglichkeit
zum Abladen, zum Ruhen, zum Erkennen,
daß, wenn wir dann von Bangigkeit befreit,
wir zaghaft neue Hoffnung haben können.

Man hat seit langem schon hier klar erkannt:
Ein Körper läßt ohn' End' sich nicht beladen.
Er rebelliert und reagiert verspannt.
Er funktioniert nicht mehr, erleidet Schaden.

In Einzel– oder Gruppentherapie
versucht man, neue Klarheit zu gewinnen;
Gefühlen, die verarbeitet wohl nie,
den Stachel wegzunehmen ganz tief drinnen.

Damit dies auch vom Körper her gelingt,
bekommt man Fango-Packungen, Massagen,
daß uns nichts andres mehr durchdringt,
als unsern Sorgen und Problemen zu entsagen.

Lang' dauert's, bis, erstarrt, man neu erwacht,
bis man geöffnet, daß die Tränen fließen.
Daß dies Erlösung, hätt' man nie gedacht,
kann freier atmend nun den Tag genießen.

Natürlich kostet es für jeden ganz viel Kraft,
wenn zur Gesundung er will mitarbeiten;
bis endlich er für sich es hat geschafft,
ein selbstbewußtes Leben zu bereiten.

Ganz unbemerkt und schnell verging die Zeit,
da man geweint, erkannt, gekämpft, gewonnen.
Bald hat man ohne alle Furchtsamkeit
das Leben draußen mutvoll neu begonnen.

_T r o s t_

Nun ist der liebe Mensch dahingegangen,
und vor uns steht nur noch sein Bild
von ihm, an dem wir so gehangen,
der unser Leben hat so ausgefüllt.

Es fällt so schwer, sich daran zu gewöhnen,
daß er nun nicht mehr lebend bei uns ist.
Man möchte unter diesem Schmerz aufstöhnen,
daß man so machtlos vor dem Tode ist.

Man muß mit der Erinnerung nun leben,
weil er zurück uns ließ so ganz allein;
und welchen Sinn soll es denn noch ergeben,
hier auf der Erde wieder froh zu sein?

So denkt man voller Kummer ohne Ende,
und sieht die Welt nicht mehr als Realist,
und will auch gar nicht, daß das Leid sich wende,
weil man so tief darin versunken ist.

Doch sollte man – 's ist schwer – ja nicht vergessen,
zu denken selbstlos zu dem lieben Toten hin.
Wer kann denn schon hier unten voll ermessen,
wie selig war sein Ewigkeitsbeginn!?!

Denn glauben wollen wir von ganzem Herzen
und innigst überzeugungsvoll als Christ,
daß 'drüben' einstens enden alle Schmerzen
und mit dem Tode nichts zu Ende ist!

So, wenn wir immer ganz stark daran denken,
daß er ging in die Liebe Gottes ein,
so wird dies heilen und viel Trost uns schenken,
so darf man freuen sich – und nicht mehr traurig sein!

Denn wenn der liebe Heimgegangne vorher
hier hat mit gleicher Liebe uns geliebt,
wär' über eine hoffnungslose Trauer
ganz sicher er im Jenseits tief betrübt.

Drum wollen wir die groß' Verzweiflung lassen,
und mutig unser Erdenlos besteh'n,
und wieder neue Lebenshoffnung fassen,
dann wird auch unser Schmerz einmal verweh' n.

Der Mutter Tod

Der Mutter Tod macht 's Herz uns schwer
und läßt uns traurig werden sehr:
sie ist nun heimgegangen!
Bei Gott sie letzte Heimat fand.
Von dort sie schützend hält die Hand -
erlöst von allem Bangen!

Das ist der schwere Lauf der Welt,
fragt nicht danach, ob 's uns gefällt,
wir sind in ihm gefangen.
Geburt und Tod vorübergeh'n.
Die heute fest im Leben steh'n,
sind schon vom Tod umfangen...

Wir voller Dank gedenken heut'
der Frau, von der vor langer Zeit
das Leben wir empfangen.
Ach, mögen doch auch wir einmal,
verlassend Erdenfreud und –qual,
zur Ewigkeit gelangen!

Vermischtes

Wenn eine Hausfrau offenbar
gearbeitet so manches Jahr,
und hat gesorgt von früh bis spät,
und jetzt im Rentenalter steht,
d a   sie sich leise eingesteht,
daß vieles anders vor sich geht.

Tageslauf einer reiferen Hausfrau

Wird jetzt von Pflicht sie überschwemmt,
fühlt sie sich schrecklich schwer gehemmt.
Sie wacht am Morgen schon spät auf:
es drückt der ständ'ge Tageslauf.

Sie überlegt nun hin und her:
"Was machst du, was ist nicht zu schwer,
was geht sehr schnell, was kannst du gut,
was macht dir denn am meisten Mut
zum Aufstehn!"- Ja, das muß jetzt sein!

Man streckt heraus das eine Bein,
ganz langsam folgt das zweite drein,
man drängt den Körper hinterher
mit Seufzen:"Wie ist Aufstehn schwer!"

Sie zieht sich an in einem Zug,
energisch gibt sie sich 'nen Ruck:
"Gleich fang ich mit der Arbeit an!"

Da klingelt an der Tür ein Mann,
versucht, ob er verkaufen kann
bei ihr von seinen Siebensachen -
am besten nicht die Tür aufmachen!

Auch wird sie abgelenkt davon,
im Zimmer schellt das Telefon.
Wie schön - die Freundin läßt sich hören -
nun kann die Arbeit nicht mehr stören.
Sie hält ein Schwätzchen lang und breit -
wie schnell doch so vergeht die Zeit.....

Nun aber endlich ran an 'n Speck ...
Ach nein, man wollt' ja schnell noch weg:
zum Kaufmann muß man ja noch laufen,
fürs Mittagessen einzukaufen.

Zurück, schon etwas naßgeschwitzt,
schafft sie, weil jeder Handgriff sitzt,
recht schnell ein Essen auf den Tisch.
Doch nun fühlt sie sich nicht mehr frisch,
denn nach dem Essen wird man müde.
Die Arbeitsaussichten sind trübe.

Wie war das doch mit Bettenmachen,
mit Staubsaugen und noch so Sachen?
Man macht's, ganz klar, n a c h mittags nicht,
da ist kein gutes Tageslicht,
der Augenschein da schwerstens trügt:
man sieht nicht, wo der Schmutz noch liegt.

Dies läßt sie also schnellstens sausen -
statt dessen macht sie Kaffeepause
und überlegt dann voll Elan:
"Was käme denn als nächstes dran?!

Da wäre noch der schöne Garten,
der kann nun wirklich nicht mehr warten.
Damit recht schön die Blumen sprießen,
muß leider man dort reichlich gießen.

Das zieht sich hin - 'ne Ewigkeit! -
und schon ist's wieder Essenszeit.
Sie deckt den Tisch fürs Abendbrot,
schafft dies grad noch mit Müh' und Not,
dann endlich sie sich ausruh'n kann.
Genüßlich stellt sie 's Fernsehn an,
und resigniert denkt sie: "Egal,
die Hausarbeit, die kann mich mal...!"

Verwandtenbesuch

Seitdem der Kindheit man entwachsen,
seitdem man steht auf eignen Haxen,
hat man so manchen Kampf gekämpft,
wurd' mancher Übermut gedämpft.
Doch wenn im ganzen man's betrachtet,
lebt man gar nett und wohlgeachtet
im gut gebauten eignen Nest
und stellt dann eines Tages fest:

     Vor lauter Kleinfamilien-Gründen
     muß man erst wieder Zeit mal finden,
     um auch zu denken an Verwandte.
     Was macht der Onkel und die Tante?
     Nicht nur die lieben Schwestern, Brüder,
     die man inzwischen sah oft wieder,
     nein, auch die Vettern und die Bäs'chen
     versorgen viele kleine Näs'chen.

Man schreibt sich, schickt sich Bilder gar,
sieht die Veränd'rung Jahr um Jahr,
und denkt: „Wohnt man auch weit entfernt,
's ist Zeit, daß man sich kennenlernt!"

     Es wird vereinbart ein Termin,
     an dem man fährt zum Andern hin.
     Doch bis es endlich dann soweit,
     vergeht noch einmal etwas Zeit,
     in der es einem wird so bange:
     man sah sich leider nicht - so lange.

"Wird man versteh'n sich?" muß man fragen.
„Wie wird der Nachwuchs sich vertragen?"
„Wie kommt man mit dem Schwager aus?"
„Wie läuft's, hat man ein volles Haus?"
„Läßt der Besuch sich nur bedienen?"
„Wie werden sein die Schwägerinnen?"

Dies alles denkt man so im Stillen -
man selbst hat ja den besten Willen
und harrt nun völlig ohne Grollen
der Dinge, die da kommen sollen.

Es ist soweit! Man sieht sich wieder
und kämpft die erste Fremdheit nieder.
Man schluckt dann extra forsch und munter
den ersten Umtrunk rasch herunter.

Man merkt, so langsam bricht das Eis,
den ersten wird sogar schon heiß,
die Kinder sind bekannt gemacht,
man hie und da schon scherzt und lacht -
und plötzlich, man ist ganz befreit,
steht wieder auf die Kinderzeit!

Nun schwelgt man in Erinnerungen,
und wie so mancher Streich gelungen,
was man inmitten einer Schar
doch für'n besondres Bürschchen war.

Die Kinder hör'n voll Staunen hin
und denken so in ihrem Sinn:
„S o   also war'n sie, unsre Alten,
die uns als Vorbild bisher galten
in jeder großen Lebenslage,
bewundert bis zum heut'gen Tage.
Doch, wenn man dies hier alles hört,
werd'n sie von uns nicht nur verehrt,
jetzt kann sie l i e b e n jedes Kind,
weil sie so herrlich menschlich sind!"

Da feiert man voll Freude weiter,
wird fröhlich erst, und dann auch heiter.
Man läßt sich schmecken manchen Schmaus,
läßt keine Rebensorte aus,
bis endlich man muß daran denken,
die Frau und Kinder heimzulenken.

Man sagt ‚Ade' voll Dankbarkeit
und hofft, daß man in kurzer Zeit
sich wieder einmal sehen kann.
Der Treffpunkt ist beim Andern dann.

Zum Schluß entringt sich Alt und Jung
ein Seufzer der Erleichterung.
Denn ganz umsonst war alles Bangen.
Es ist doch alles g u t gegangen.
Im Gegenteil, man denkt nur dran:
Warum hat man's nicht längst getan?!?

Hausgemeinschaft

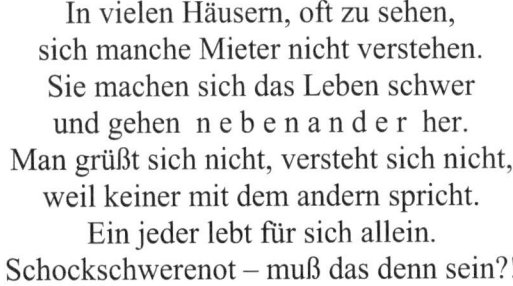

In vielen Häusern, oft zu sehen,
sich manche Mieter nicht verstehen.
Sie machen sich das Leben schwer
und gehen n e b e n a n d e r her.
Man grüßt sich nicht, versteht sich nicht,
weil keiner mit dem andern spricht.
Ein jeder lebt für sich allein.
Schockschwerenot – muß das denn sein?!

O nein! Daß es auch anders geht,
daß man sich rundherum versteht,
daß alle zueinandersteh'n,
könnt ihr bei uns nun einmal seh'n.

Hier viel' Parteien gibt's im Haus,
die kommen bestens mit sich aus.
Und trifft man auf der Treppe sich,
hält man – ganz unabänderlich -
zu einem kleinen Schwätzchen an;
fragt nach dem Wohlergehen dann,
und, geht's mal schlecht so dann und wann,
ob man vielleicht was helfen kann.

Bringt einer eine Bitte vor,
hat jedermann ein off'nes Ohr.
Und hinterm Rücken keiner spricht.
Man sagt sich offen ins Gesicht,
wenn einem irgendwas nicht paßt.
Drum ist auch keiner hier verhaßt.

Ihr fragt, wieso es das hier gibt?
Weil jeder Ruh' und Frieden liebt
und Rücksicht nimmt auf jeden Fall.
Versucht's bei euch doch auch einmal!

Reife Zeit

Wenn irgendwann man wird mal älter,
in allem auch ein wenig kälter,
wenn man so manches nicht mehr kann
als ält're Frau, als ält'rer Mann,
ist zwar passé der Jugend Glut,
doch geht's uns eigentlich ganz gut.

Man schwärmt jetzt sehr für gutes Essen,
ist auf 'ne Mittagsruh' versessen,
und fühlt sich dann am Kaffeetisch
so richtig angeregt und frisch.
Man liest die Zeitung, die man liebt,
und schaut, was es im Fernseh'n gibt.

Doch da wir lang' uns nicht bewegten,
nur auf die faule Haut uns legten,
stell'n plötzlich auch bei uns sich ein
so richtig böse Zipperlein!
Man muß zum Arzt und hat erkannt:
Gesundheit ist jetzt int'ressant!

Wenn jemand nun "Wie geht's?" uns fragt,
man nicht mehr "Danke sehr gut!" sagt.
Nein, je nachdem, wie man sich kennt,
man schnellstens sein Wehwehchen nennt,
stark hoffend auf 'nen guten Rat,
den jemand wohl auf Lager hat.

Bei diesem Thema 'Krankheit' dann
fängt jeder zu erzählen an:

90

wo man mal krank, wo man geheilt,
wie lang man hat beim Arzt verweilt,
und ganz exakt, wie man so bang,
als man genauso war mal krank.

Und gern erteilt die Freundesrunde
manch guten Rat so manche Stunde.
Da wird ausführlich uns erzählt,
welch tollen Arzt man hatt' gewählt.
Es war durchaus ein Spezialist,
durch den man nun gerettet ist.

Ein andrer sagt, ihm ist's egal.
Er geht zum Hausarzt jedes Mal.
Der hilft ihm immer irgendwie.
Versagt hat der bis jetzt noch nie
und kommt im Notfall auch ins Haus,
kann man mal aus dem Bett nicht 'raus.

Recht lebhaft man auch diskutiert,
welch' Medizin hilft garantiert,
und welche Salbe akkurat
bei jedem schon geholfen hat;

und daß, nimmt man sie richtig ein,
Tabletten könn'n ein Segen sein;
doch daß 'ne Spritze wär' reeller,
die hilft bei Schmerzen nämlich schneller.

Dies alles uns sehr int'ressiert.
Jetzt sind wir bestens informiert
und staunen trostvoll innerlich:
auch andren geht es besser nicht
in diesem Alter, dieser Zeit,
die jeden trifft - mit Sicherheit!

Es wird uns nicht nur zugeraunt,
es wird in alle Welt posaunt:
"Bewegt euch! Das ist sehr gesund!
Besiegt den inn'ren Schweinehund!"

So machen wir uns auf die Socken,
es rinnt der Schweiß, weil wir jetzt joggen.
Doch manchen fällt es wirklich schwer,
weil Knie sind belastet sehr.

Sie deshalb finden 'Walking' gut
und starten durch mit neuem Mut.
Da läuft man flott, so gut man kann
im selbstgewählten Tempo dann.

Zur Freude aller, sehr patent,
aus Finnland kommt ein neuer Trend.
Er 'Nordic-Walking' wird genannt
in neuem Deutsch - wir hab'n 's erkannt:
Wenn man von Nordic-Walking talkt,
man mit zwei Stöcken munter walkt.

Man hat m i t Stöcken viel mehr Schwung
und fühlt sich sich'rer, sportlich, jung.

Da wird zunächst man angeleitet,
daß man die richt'gen Schritte schreitet:
Erst rechtes Bein und linker Stock
und dann der Wechsel: tock, tock, tock.

Los geht es in den Wald hinein.
Auf weichem Boden walkt sich's fein.
Und ist er steinig dann und wann,
heb'n schnell wir brav die Stöcke an,
damit am Stock die spitzen Spitzen
sich möglichst nicht so schnell abnützen.

Doch wenn man meint, jetzt kann man all's,
da irrt man schwer sich jedenfalls.

Es kommt nun noch ein 'Kick' dazu,
der ist gesundheitlich der Clou!

Denn stieß man sich mit Schwung grad ab,
soll öffnen man die Hand ganz knapp,
um wieder schnell den Stock zu fassen.

Man darf das Öffnen nicht verpassen.
Weil, wenn man weiß genau, wie's geht,
ein prima Pump-Effekt entsteht!

Der soll stark unser Herz durchbluten,
mit Sauerstoff uns überfluten.
Ja, so gesund lebt man sonst nie
wie bei   d e r   'Spezi-Therapie'!

Ist man auf diese Weis' ohn' Schnaufen
so eine Stunde lang gelaufen,
beginnt man sich nach Haus' zu sehnen.

Doch stets am Schluß muß sein das 'Dehnen'.
Man dehnt die Muskeln an den Beinen,
weil nach dem Lauf verkürzt sie scheinen.

Hab'n wir auch dies noch absolviert,
zufrieden man davon marschiert.
Man hat's geschafft! Phänomenal!
Wir freu'n uns schon aufs nächste Mal!

Rentnerleben

So viele Jahre - wie bekannt -
ist man tagtäglich eingespannt
in den Beruf, ins Arbeitsjoch.
Man seufzt: "Wie lange dauert's noch,
bis endlich mal die Zeit verrinnt,
bis endlich wir mal Rentner sind!?"

W a s   würden wir dann alles machen!
W i e   würde uns das Leben lachen!
Wir würden schlafen, herrlich lang,
im Bett bleib'n, ohne daß man krank.
Man würd' gemütlich nur aufstehn
und erst mal nach dem Wetter sehn.
Und dann begänne jeder Tag,
so, wie man ihn am liebsten mag. -

Nach langem Harren ist's soweit:
Beruf ist nun Vergangenheit.
Man ist nun jeden Tag zuhause
und macht, so oft man will, mal Pause.

Nun könnt' man tun - 's wär gelacht -
was sehnsuchtsvoll ward ausgedacht.

Doch plötzlich wird man zwiegespalten:
Ganz klar, man kann sich nun entfalten,
die neue Freiheit voll genießen...
doch kann man sich nicht recht entschließen...

Auf einmal ist man wie gelähmt,
gesteht sich ein, etwas beschämt
und auch zum eigenen Verdruß,
daß man nicht will, weil man nicht muß!!!-

Und noch was Neues tritt jetzt ein:
Man wird zumeist zuhause sein.
Man sieht erstaunt das Reich der Frau.
S i e   macht durchaus nicht immer 'blau'.
Mit gut geplantem Tagesplan
wirft so leicht nichts sie aus der Bahn,
regiert ganz souverän im Haus...

Am liebsten nähme er Reißaus,
weil er so denkt in seinem Sinn:
"Hierher gehör' ich doch nicht hin.
War d o c h ganz schön, mein eignes Reich,
nichts kam halt meiner Arbeit gleich."

- Daß abends man voll Müdigkeit, -
- vom Chef die Unzufriedenheit, -
- daß man im Kleinkrieg oft entzweit, -
- daß man den ew'gen Streß war leid, -
dies alles wurd', es war verkehrt,
in der Erinnerung verklärt.

Da hilft nun nicht mehr leises Stöhnen,
muß aneinander sich gewöhnen
und schließen manchen Kompromiß,
weil das wohl so am besten ist.

Und sinnend hat man festgestellt:
"Nichts ist perfekt auf dieser Welt!"

Wie oft in unsern Kindertagen
war'n wir vereint zu frohem Spiel.
Wollt' scherzen man oder auch klagen -
dem andern wurd' es nie zu viel.

Man hatte bestens sich vertragen
und gab sich jeden guten Rat
und konnte sich auch Dinge sagen,
die niemand sonst gesagt man hat.
Doch unaufhaltsam wird man älter,
das Leben trennt die Freunde weit.
Der Schicksalswind weht nun viel kälter
als damals in der Jugendzeit.

Es gibt ein Wiederseh'n nach Jahren.
Man fragt, da man sich fremd nun doch,
ob sie, die einst Gefährten waren,
sich auch verstehen heute noch.
Und merkt schon in den ersten Stunden,
die man beisammen frohgestimmt,
daß man sich hat erneut gefunden.
Auf gleicher Welle man noch schwimmt.

Ganz unbeschwert, als hätt' das Leben
nicht Forderungen für uns zwei,
war'n wir Gesprächen hingegeben.
Sie machten uns so reich, so frei.
Man durft' den Alltag mal verlassen,
um einmal nur ganz 'Ich' zu sein,
bis wir die Zeit fast ganz vergaßen.
Für immer konnt' es ja nicht sein.

Ach, viel zu schnell mußt' man sich trennen,
um in die Pflicht zurückzukehr'n.
Noch lang' wird die Erinn'rung brennen,
noch lang' wir sie im Herzen hör'n.
Denn selten nur kann man sich sehen,
freut sich aufs nächste Treffen schon,
das jetzt schon läßt herüberwehen
der Freundschaftsglocke hellen Ton.

Zuversichtliches

Psalm 27
"Gemeinschaft mit Gott"
von David

Der Herr mein Heil ist und mein Licht!
Wenn Schweres kommt -
ich fürcht' mich nicht.
Der Herr ist meines Lebens Kraft,
mit Ihm ich alles hab geschafft.
Sind Feinde da, mich zu bekriegen,
sie müssen fallen - ich werd' siegen!

Nur eins erbitte ich vom Herrn,
danach verlangt mich allzugern:
Im Haus des Herrn beglückt zu sein,
in Seinem Tempel, Seinem Schrein;
zu schauen Seine Freundlichkeit
all' Tage meiner Lebenszeit.

Denn Er birgt mich in Seinem Haus,
bricht eines Tags ein Unheil aus.
Auf einen Felsen hebt Er mich.
Nun kann ich schauen königlich
auf Feinde, die mich all' umringen.
Dank-Opfer will ich Ihm darbringen.
Dem Herrn will spielen ich und singen.

Vernimm, o Herr, mein lautes Beten!
Erhör' mich gnädig in all'n Nöten.
Mein Herz denkt an Dein Göttlich Wort:
"Mein Angesicht sucht immerfort!"
Dein Angesicht, Herr, will ich suchen,
will bitten, mich nicht zu verfluchen.

Denn Du wurd'st meine Hilf', mein Licht.
Verstoß mich nicht, verlaß mich nicht!
Wenn Vater, Mutter mich verlassen,
Du nimmst mich auf in Lieb' ohn' Maßen!

Zeig, Herr, mir Deine ebnen Wege
und leite mich auf sich'rem Stege.
Den Gegnern gib mich niemals preis,
den falschen Zeugen, laut und leis'!

Ich aber kann gewiß vertrauen,
des Herren Güte zu erschauen
im Land der Lebenden! Hab Mut!
Hoff' auf den Herrn - alles wird gut!

Psalm 91
"Zuflucht bei Gott"

Wer stets im Schutz des Höchsten wohnt,
im Schatten des Allmächt'gen ruht,
der sagt zum Herrn: "Du bist für mich
Zuflucht und Burg, Dir vertraue ich!"

Er rettet dich aus des Jägers Schlingen,
aus allem Verderben und bösen Dingen.
Mit Seinen Flügeln beschirmt Er dich,
gibt Zuflucht dir ganz sicherlich.

Ein Schild und Schutz ist Seine Treue.
Fürchte nicht dich stets aufs Neue
vor dem Schrecken in der Nacht,
vor dem Pfeil, der tags dich jagt,
vor der Pest, die im Finstern brütet,
vor Seuche, die am Mittag wütet.

Fallen auch tausend zu deiner Seite,
zehnmal tausend in schwerem Streite,
dich wird's nicht treffen! Du wirst's sehn,
wie es um Frevler ist gescheh'n.

Denn Zuflucht ist dir der Herr - das zählt!
Du hast den Höchsten als Schutz erwählt.
Kein Unheil naht, kein Unglück kommt,
denn Er befiehlt, was stets dir frommt:

Die Engel sollen behüten dich
auf all' deinen Wegen mütterlich.
Sie tragen dich auf Händen fein,
dein Fuß nicht stößt an einen Stein;
auf Nattern, Löwen, Drachen groß
trittst du ohn' Schaden mühelos.

Weil an Mir hängt er, rett' Ich ihn.
Ich will ihn schützen immerhin,
denn er kennt Meinen Namen.
Wenn er Mich anruft, hör' Ich ihn;
und in der Not bin Ich bei ihm;
bring ihn zu Ehr'n, befreie ihn;
mit langem Leben segn' Ich ihn;
laß ihn Mein Heil schau'n. Amen

Weil an Mir hängt sie spät und früh,
will retten Ich und schützen sie,
denn sie kennt Meinen Namen.
Wenn sie Mich anruft, hör' Ich sie;
verlasse in der Not sie nie;
bring sie zu Ehr'n, befreie sie;
mit langem Leben segn' Ich sie;
Mein Heil darf einstens schauen sie,
so wahr Ich Gott bin! Amen

Psalm 23
"Der Herr ist mein Hirte"
von David

Der Herr ist ewiglich mein Hirt,
bei Ihm mir gar nichts fehlen wird.
Er läßt mich lagern jederzeit
auf grünen Auen, Seiner Weid'.

Er führt zum Ruheplatz mich hin,
stillt mein Verlangen, meinen Sinn.
Er leitet mich auf rechten Pfaden
treu Seinem Namen, voller Gnaden.

Muß ich auch wandern in finst'rer Schlucht,
ich fürcht' kein Unheil, denn Er mich sucht.
Sein Stock und Stab mir geben Licht,
erfüllen mich mit Zuversicht.

Vor Feindesaugen kriegerisch
deckst großzügig Du mir den Tisch.
Du füllst den Becher reichlich mir,
Du salbst mein Haupt mit Öl zur Zier.

Nur Güt' und Huld im Überschwang
werd'n folgen mir mein Leben lang.
Im Haus des Herrn voll Seligkeit
darf wohnen ich für lange Zeit.

Psalm 121
"Der Wächter Israels"

*Ich hebe meine Augen auf
zu Bergen, zu der Sterne Lauf
und frage ratlos mit Begier:
"Woher kommt Rettung, Hilfe mir?"*

*Meine Hilfe kommt vom Herrn,
der machte Erde, Himmel, Stern'.
Er läßt dir deinen Fuß nicht wanken.
Du hast Ihm alles zu verdanken!*

*Der Retter Israels schläft nicht,
der dich behütet, schlummert nicht.
Er hütet dich bei Tag und Nacht,
steht dir zur Seite, stets Er wacht.*

*Vor allem Bösen behüt' Er dich!
Der Herr behüt' auch väterlich
dein Ein- und Ausgehn jederzeit
von nun an bis in Ewigkeit!*